사고와 표현
심화편

이지은 · 장현묵 · 정영교 · 신은옥

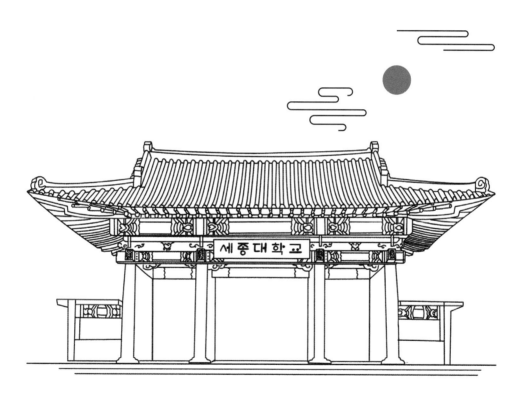

박영사

사고와 표현 심화편 발간사 ★────────────

　　세종대학교의 외국인 학생을 위한 교양한국어 교재 <사고와 표현 심화편>을 발간하게 되어 무척 기쁩니다. 한글 창제의 근간이 된 세종대왕의 실용적이고 과학적인 정신을 이어받은 우리 대학은 글로벌 연구중심 대학으로서 세계 각국에서 유학하러 온 많은 인재들을 교육하고 있습니다.

　　최근 한국의 문화적 영향력이 전 세계적으로 확대되면서 한국어와 한국 문화에 대한 관심이 그 어느 때보다 높아진 지금, 우리 대학의 교양한국어 교육은 더욱 중요한 의미를 가지게 되었습니다. 특히 이번 교재는 급변하는 교육 환경과 학습자들의 요구를 반영하여 더욱 체계적으로 집필되었습니다.

　　본 교재는 우수한 교수진들의 풍부한 교육 경험과 연구 성과를 집대성한 결과물입니다. 특히 대학에서 학업을 수행하는 유학생들의 실질적인 필요를 고려하여 기초적인 의사소통 능력부터 학술적 한국어 능력까지를 아우르는 통합적인 교육 내용을 담았습니다. 한국어에 대한 체계적인 설명과 실전적인 연습 활동들은 학습자들의 한국어 습득을 효과적으로 도울 것입니다.

　　이 교재가 세종대학교에서 수학하는 모든 외국인 학생들의 한국어 실력 향상과 성공적인 학업 수행에 든든한 길잡이가 되기를 기대합니다. 아울러 우리 대학의 국제화와 학문적 발전에도 의미 있는 기여를 할 것이라 확신합니다.

대양휴머니티칼리지 학장
김 건

일러두기 ★────────────────

　　<사고와 표현 심화편>은 대학의 교양한국어 수업을 위한 교재입니다. 외국인 학생들이 대학에서 학업을 수행하며 접하게 될 상황을 바탕으로 필수적인 문법과 표현을 선별하여 교재를 구성하였습니다. <사고와 표현 심화편>은 듣기와 말하기 능력 함양에 초점을 두었으며, 한 학기 주 3시간 15주 과정으로 총 두 학기에 적합한 분량입니다.

　　교재는 도입, 학습, 마무리의 세 단계로 구성됩니다. 도입 단계에서는 듣기 전 활동으로 다양한 듣기 전략을 익힐 수 있도록 구성하였습니다. 학습 단계에서는 다양한 장르의 듣기를 들으며 목표 어휘와 문법을 배울 수 있도록 구성하였습니다. 마무리 단계에서는 말하기 표현을 활용하여 대학 수업 상황에서 발표할 수 있도록 하였습니다. 추가적으로 어휘 노트를 제공하여 복습이나 과제로 활용할 수 있도록 하였습니다.

단원 구성

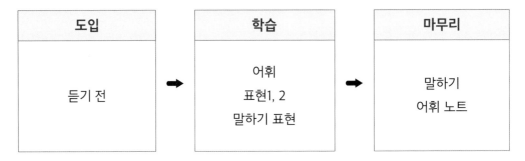

- 듣기 전: 학습할 듣기 자료와 관련된 효과적인 듣기 전략을 익힙니다.
- 어휘: 주제와 관련된 어휘를 학습합니다.
- 표현: 각 문법 표현의 형태 규칙과 예문을 확인합니다.
　　　　연습 문제를 통해 각 문법 표현의 규칙과 의미를 익힙니다.
- 말하기 표현: 다양한 말하기 표현을 학습합니다.
- 말하기: 학습한 내용을 활용하여 말하기를 연습합니다.
- 어휘 노트 : 각 단원에 등장한 새로운 어휘를 복습합니다.

목차 ★────────────────────────────

장	제목	듣기 전	표현
1장	음식과 문화	처음 부분 듣고 유추하기	V/A-(으)ㄹ수록 V/A-나 싶다
2장	삶의 가치	핵심 내용 메모하며 듣기	V-기 바쁘게 V-자기에
3장	한국의 예술 작품	시각 자료 활용하여 듣기	V/A-는다는 V/A-든가
4장	사건과 사고	시간 순으로 정리하며 듣기	V-(으)ㄹ 법하다 V-는 한
5장	별자리 이야기	화제 전환 표지에 따라 내용 파악하며 듣기	N에 비하면 V/A-아/어서인지
6장	공연과 감상	반언어적 요소로 발표자의 의도 파악하기	V/A-는 줄 V/A-(으)ㄹ지라도
7장	직업과 진로	표나 그래프로 도식화하여 듣기	V-(으)ㅁ에 따라 V/A-게 마련이다
8장	물가와 경제	숫자 관련 내용 메모하며 듣기	N에 관하여 V-기 일쑤이다
9장	차별과 차이	주장과 근거를 구분하며 듣기	V-는 데다가 V/A-(으)ㄴ/는 법이다
10장	이상과 현실	동의와 반론을 구분하며 듣기	N은/는 말할 것도 없고 V-아/어 내다

1장

음식과 문화

▷ 여러분은 다양한 나라의 음식과 관련된 문화를 알고 있습니까?

▷ 한국의 음식 문화와 여러분 나라의 음식 문화에 차이가 있습니까?

듣기전
Pre-Listening

처음 부분 듣고 내용 유추하기

발표나 강의를 하기 전에 발표자나 교수는 발표 및 강의의 주제, 내용, 순서를 간단하게 소개한다. 처음 부분을 들으면 앞으로 전개될 내용이 어떤 내용인지 전반적인 내용을 유추할 수 있다.

다음은 대학생 발표의 일부입니다. 잘 듣고 이어서 말할 내용이 무엇일지 생각해 보세요.

발표자	경영학과 김수진
발표 주제	한국의 김치
발표 내용	1. 2. 3.

어휘 및 표현
Vocabulary and Expressions

다음은 '콩과 한국문화'에 대한 발표에 나오는 어휘입니다. 아래의 빈칸에 알맞은 어휘를 찾아 쓰세요.

다양하다	활용되다	관련되다	녹두	나이가 들다	즐겨 먹다
감옥	출소하다	영양가	소화	되찾다	죄를 짓다

1) 닭고기는 전 세계 사람들이 (   ) 음식이다.

2) 감옥은 (   ) 사람들을 가두는 곳이다.

3) 나이가 들면 (   ) 능력이 떨어져 밥을 많이 먹지 못하게 된다.

4) 운동을 하는 것도 중요하지만, (   )가 높은 음식을 먹는 것도 중요하다.

5) 콩은 반찬으로도 먹고 주식으로도 (   ) 재료이다.

다음은 국어국문학과 학생의 발표입니다. 잘 듣고 아래의 질문에 답해 보세요.

1 다음 중 발표자가 설명하지 <u>않은</u> 내용을 고르세요.

① 콩으로 만드는 한국 음식

② 한국에서 콩을 많이 생산하는 이유

③ '콩밥을 먹다'라는 표현을 사용하는 이유

④ 감옥에서 나온 사람에게 두부를 주는 이유

2 두부에 대한 내용으로 맞는 것을 고르세요.

① 영양가가 높지만 소화가 잘 안 되는 특징이 있다.

② 죄수들은 감옥에 갇혀있는 동안 두부를 자주 먹는다.

③ 두부의 흰색을 '깨끗하게 사는 것'으로 생각하는 사람들도 있다.

④ 한국에서는 병원에서 퇴원한 사람에게 두부를 주는 풍습이 있다.

3 다음은 발표 내용을 정리한 것입니다. 빈칸에 알맞은 내용을 쓰세요.

발표 시작	발표자: 국어국문학과 오미진 발표 주제: 콩과 ( ) 발표 내용: 콩으로 만든 ( ) 　　　　　　 ( )과 한국 문화
콩으로 만드는 음식	간장과 된장 ( ) 녹두를 갈아서 빈대떡을 만든다. 디저트: 팥빙수, ( ) 　– 아이들은 콩을 넣은 디저트를 싫어하지만, ( )
콩밥과 감옥	'콩밥을 먹다'의 의미: ( ) 감옥에서 콩밥을 준 이유: 쌀은 비싸고 ( ) 너 감옥 가고 싶어? = ( )
감옥과 두부	( ) 사람에게 두부를 준다. 두부를 주는 이유: 영양가도 높고 ( ) 　　　　　　　　 흰색의 두부를 먹고 ( ) 　　　　　　　　 로 준다.

4 한국에서 콩으로 만드는 음식과 고향에서 콩으로 만드는 음식을 비교하여 설명해 보세요.

---

5 한국의 '콩밥을 먹다'와 같이 여러분 고향에도 콩과 관련된 표현이 있습니까? 없다면 음식재료 관련된 표현을 소개해 주세요.

---

6 콩 혹은 음식재료와 관련된 표현을 언제, 어떻게 사용하는지, 왜 그런 표현을 사용하는지 설명해 보세요.

어휘 및 표현 확인하기
Checking Vocabulary and Expressions

1 다음의 의미에 해당하는 알맞은 어휘를 찾아 쓰세요.

관련되다	되찾다	죄를 짓다	출소하다	활용되다

1) 어떤 대상, 기술 등이 잘 이용되다 ( )

2) 잃어버리거나 빼앗긴 것을 다시 찾다 ( )

3) 물건을 훔치거나 사람을 속이거나 죽이다 ( )

4) 범죄 때문에 감옥에서 지낸 후 감옥에서 나오다 ( )

5) 둘 이상의 사람, 대상, 현상 사이에 관계가 있다 ( )

2 다음 중 알맞은 것을 골라 문법에 맞게 문장을 완성하세요.

나이가 들다	녹두	다양하다	즐겨 먹다

1) 한국의 음식인 빈대떡은 콩의 한 종류인 ( )로 만든다.

2) 채소를 ( ) 사람들이 그렇지 않은 사람들보다 더 건강한 편이다.

3) 가: 내일 친구가 놀러 오는데 어디에서 밥을 먹는 게 좋을까?

　 나: 뷔페 어때? ( ) 음식을 마음대로 골라 먹을 수 있잖아.

4) 가: 노인 분들에게 추천할 만한 운동이 있나요?

　 나: 걷기를 추천합니다. ( ) 몸이 약해지기 때문에
　　 힘든 운동은 오히려 해로울 수 있습니다.

3 다음의 어휘 및 표현을 사용하여 문장을 만들어 보세요.

1) 영양가

_____

2) 되찾다

_____

3) 다양하다

_____

4) 죄를 짓다

_____

표현1
Expression 1

V/A-(으)ㄹ수록

받침 O	을수록	먹을수록
받침 X	ㄹ수록	급할수록

▶ 급할수록 실수하지 않도록 조심해야 한다.

▶ 이 음식은 먹으면 먹을수록 계속 먹고 싶어진다.

▶ 나이가 많은 사람일수록 질병에 걸렸을 때 사망할 확률이 높아진다.

1 ▷ 아래에서 알맞은 단어를 골라 보기와 같이 문장을 완성하세요.

하다	다가오다	높다	흐르다	발전하다	생산하다

 운동을 많이 (할수록) 더 건강해진다.

1) 성적이 (   ) 장학금을 받을 확률이 높아진다.

2) 시간이 (   ) 과거의 추억을 떠올릴 때가 많아진다.

3) 상품을 더욱 많이 (   ) 가격은 내려간다.

4) 과학 기술이 (   ) 여러가지 환경 오염 문제가 발생한다.

5) 시험 날짜가 (   ) 긴장되고 집중이 안 된다.

2 보기와 같이 문장을 완성하세요.

돈이 많아지다 → 돈이 많아질수록 돈 때문에 고민이 많아진다.

1) 아이가 성장하다

_____

2) 나이를 먹다

_____

3) 식재료의 가격이 상승하다

_____

4) 침대와 베개가 편안하다

_____

5) 고를 수 있는 물건이 다양하다

_____

표현 2
Expression 2

V/A-나 싶다

받침 O, X	나 싶다	오지 않나 싶다
		있지 않나 싶다

▶ 날씨가 흐린 것을 보니까 비가 오지 않나 싶다.

▶ 이 옷은 나에게 너무 작지 않나 싶다.

▶ 그 정도면 충분하지 않았나 싶다.

---

1 아래에서 알맞은 동사를 골라 보기와 같이 문장을 완성하세요.

가라앉다	비싸다	혼내다	맞다	필요하다	선호하다

> **보기** 햄버거 한 개에 만 원은 너무 (비싸지 않나 싶다).

1) 두 사람의 이야기를 들어 보니 민정 씨의 말이 (   )

2) 인터넷 속도 관련 기술뿐만 아니라 보안 기술의 발전도 (   )

3) 아이가 울고 있는 것을 보니 이미 아이의 어머니가 (   )

4) 10대 청소년들은 전화를 하는 것이 부담스럽기 때문에 문자 메시지를 (   )

5) 태풍과 해일 때문에 배가 바다 밑으로 (   )

2 보기와 같이 문장을 완성하세요.

 양이 너무 적다 → <u>두 사람이 먹기에는 양이 너무 적지 않나 싶다.</u>

1) 돈이 부족하다

_____

2) 이 정도면 깨끗하다

_____

3) 동생이 옷을 찾으러 가다

_____

4) 지현 씨가 책을 빌리다

_____

5) 가방을 선물하는 것이 낫다

_____

말하기 표현
Expressions for Speaking

발표를 하기 전에 발표 주제와 내용을 소개하는 것이 좋다. 또한 발표를 끝낼 때 청중들에게 질문이 있는지 확인한 후 인사를 하는 것이 좋다. 발표를 할 때 다음과 같은 표현을 사용할 수 있다. 이때 문장의 마지막에 '-ㅂ/습니다'를 사용하는 것이 좋으며, '-ㄴ/는다'를 사용하면 안 된다.

발표	표현	예문
발표를 시작할 때	• 발표할 주제는 -입니다. • 제가 발표할 내용은 - 가지입니다. • 먼저 -을/를 설명하고, -을/를 설명하겠습니다.	• 제가 오늘 발표할 주제는 콩과 한국 문화입니다. • 제가 발표할 내용은 세 가지입니다. • 먼저 콩으로 만든 음식을 소개하고, 콩과 문화를 설명하겠습니다.
발표를 끝낼 때	• 지금까지 -에 대해 말씀드렸습니다. • 질문이 있으시면 질문해 주시기 바랍니다. • 질문이 없으시면 발표 마치겠습니다. 감사합니다.	• 지금까지 콩과 한국 문화에 대해 말씀드렸습니다. • 질문이 있으시면 질문해 주시기 바랍니다. • 질문이 없으신가요? 없으시면 발표 마치겠습니다. 들어주셔서 감사합니다.

발표의 시작부분과 끝부분을 보기와 같이 말해 보세요.

발표 주제	발표 내용
식사 예절	① 나라마다 다른 식사 예절 ② 한국의 식사 예절 ③ 우리나라의 식사 예절

⇩

제가 발표할 주제는 식사 예절입니다. 먼저 나라마다 다른 식사 예절을 간략히 말씀드리고 한국의 식사 예절과 우리나라의 식사 예절을 비교하여 말씀드리겠습니다.

(중략)

지금까지 식사 예절에 대해 말씀드렸습니다. 질문이 있으신가요? 없으시면 발표 마치겠습니다. 들어주셔서 감사합니다.

1)

발표 주제	발표 내용
한국의 전통 음식	① 한국의 전통 음식 종류 ② 떡국 ③ 잡채

2)

발표 주제	발표 내용
한국의 빵	① 한국에 있는 오래된 빵집 ② 대전의 성심당 ③ 서울의 태극당

말하기
Speaking

1 ▶ '음식과 고향의 문화'에 대해 발표를 준비해야 합니다. 아래와 같이 발표 계획을
세워 보세요.

발표 주제	콩과 한국 문화
발표 내용	① 콩으로 만드는 한국 음식 - 간장, 된장, 콩밥, 빈대떡, 팥빙수, 인절미 등 ② 콩과 문화 1: '콩밥을 먹다' - '콩밥을 먹다'의 의미 - '콩밥을 먹다'를 사용하게 된 이유 ③ 콩과 문화 2: 감옥 출소와 두부 - 두부를 주는 이유

발표 주제	
발표 내용	① ② ③

2 앞에서 배운 표현을 사용하여 발표를 시작할 때와 끝낼 때 어떻게 말할 것인지 아래의 표에 써 보세요.

발표		메모하기
발표 시작하기	자기소개	
	발표 주제 소개	
	발표 내용 순서	
발표 내용 설명	발표 내용 ①	
	발표 내용 ②	
	발표 내용 ③	
발표 끝내기	발표 내용 정리	
	질의응답	
	인사하기	

3 정리한 내용을 바탕으로 '음식과 고향 문화'에 대해 발표해 보세요.

4 친구들의 발표를 듣고 아래의 표에 정리해 보세요.

① (   )

발표 주제
발표 내용 ①
발표 내용 ②
발표 내용 ③

② (   )

발표 주제
발표 내용 ①
발표 내용 ②
발표 내용 ③

5 다른 사람의 발표는 어땠는지 이야기해 보세요.

2장

삶의 가치

▷ 여러분의 삶에서 가치있는 것은 무엇입니까?

▷ 가치있는 삶이란 무엇인지 생각해 봅시다.

듣기전
Pre-Listening

핵심 내용 메모하며 듣기

인터뷰나 대담을 들으면서 핵심 내용을 메모할 때에는 말을 하는 사람의 속도에 맞춰 필요한 정보를 빠르고 정확하게 써야 한다. 문장 전체를 그대로 받아 쓰는 것이 아니라 핵심 단어나 표현을 위주로 간략하게 정리하며 써야 한다. 특히 접속사나 서술어는 생략이 가능하다.

다음은 삶의 가치 관련 내용입니다. 잘 듣고 핵심 내용을 파악해 보세요.

많은 사람들은 삶의 가치를 쓸모에 둔다.

핵심 내용

어휘 및 표현
Vocabulary and Expressions

다음은 '가치 있는 삶'의 인터뷰에 나오는 어휘입니다. 아래의 빈칸에 알맞은 어휘를 찾아 쓰세요.

가치	명예	이정표	뚜렷하다	몰두하다
달성하다	추구하다	기부하다	철이 들다	성과를 이루다

1) 사람들은 저마다 (   ) 삶의 가치가 다릅니다.

2) 오랜 시간 하고 있는 일에 (   )다 보면 어느새 목표하던 바를 이루기도 합니다.

3) 부모님께서는 매번 저에게 아직 (   )지 않았다고 말씀하십니다.

4) 사람들은 (   )가 있으면 돈과 권력은 저절로 따라오는 것이라고 말합니다.

5) 누군가 나에게 인생의 (   )를 제시해 주었으면 좋겠다.

🎧 듣기
Listening

다음은 신경정신과 의사와 아나운서의 인터뷰입니다. 잘 듣고 아래의 질문에 답해 보세요.

▶ **1** 요즘은 어떤 분위기의 사회라고 사람들은 말하고 있습니까?

① 먹고 살 걱정을 하는 사회

② 가치나 의미를 중요시하는 사회

③ 꿈을 꾸고 살기는 어려운 사회

④ 가치 추구를 위해 몰두하는 사회

▶ **2** 이익준 교수가 말하는 '가치를 추구하는 삶'은 어떤 삶입니까?

① 성공을 위해 몰두하는 삶

② 따뜻한 사람이 되어 어려운 사람들을 도와주는 삶

③ 혼란스럽고 어려운 삶의 방향을 설정해 나가는 삶

④ 목표를 향해 달려가는 삶과는 다른 행복을 느낄 수 있는 삶

3 다음은 인터뷰 내용을 정리한 것입니다. 빈칸에 알맞은 내용을 쓰세요.

요즘 사회 현실	(　　　　　　) 현실이 우선인 사회이다. 그래서 꿈을 꾸며 사는 사람들을 (　　　　) 철이 덜 든 사람이라고 한다. 하지만 의외로 대단한 성과를 이룬 사람들도 의사를 많이 찾아 온다.
진료실에 오는 이유	성과를 이루기 위해 (　　　　)은 멋지다. 하지만 종종 목표만을 향해 달리는 삶은 (　　　　　). 요즘 사람들은 (　　　　　) 확실한 이유를 모른다.
교수가 제안하는 삶	• 눈앞의 목표를 추구하는 것보다는 (　　　　　)을 제안한다. • 가치는 (　　　　　) 추구하는 것이다. 이는 혼란스러운 삶의 방향을 설정할 수 있는 (　　　　　).
가치를 추구하는 삶	• 가치를 추구하는 삶에는 성과나 결과와는 다른 (　　　　　)이 주어진다. • 비록 현실은 우리의 뜻대로 되지 않지만 (　　　　　　　　) 행복으로 나아갈 수 있을 것이다.

4 이익준 교수가 말하는 '가치를 추구하는 삶'의 예를 정리해서 설명해 보세요.

_____

_____

5 유명한 사람 중 자신만의 가치를 추구하며 살고 있는 사람이 있습니까?

_____

_____

6 그 사람은 '삶의 가치'를 어떠한 방식으로 추구하고 있습니까?

_____

_____

어휘 및 표현 확인하기
Checking Vocabulary and Expressions

1 다음의 의미에 해당하는 알맞은 어휘를 찾아 쓰세요.

가치	이정표	달성하다	몰두하다	추구하다

1) 목적한 것을 이루다. ( )

2) 목적을 이룰 때까지 뒤쫓아 구하다. ( )

3) 인간의 욕구나 관심의 대상 혹은 목표가 되는 것 ( )

4) 어떤 일에 온정신을 다 기울여 열중하다. ( )

5) 어떤 일이나 목적의 기준 ( )

2 다음 중 알맞은 것을 골라 문법에 맞게 문장을 완성하세요.

명예	뚜렷하다	기부하다	철이 들다

1) 나는 돈보다는 ( )를 가진 사람이 되고 싶다.

2) 저는 해마다 연말에 고향의 어려운 아이들을 위해 조금이나마 ( )

3) 가: 너는 앞으로 하고 싶은 일이 ( ) 좋겠다.

   나: 아니야. 나도 아직 고민이 많아.

4) 가: 이번 방학에는 또 어디로 놀러갈까? 생각만 해도 기대돼!

   나: 너는 언제 ( )? 내년에는 졸업도 하니까 이번 방학에는 공부 좀 해.

3 다음의 어휘 및 표현을 사용하여 문장을 만들어 보세요.

1) 몰두하다

_____

2) 추구하다

_____

3) 달성하다

_____

4) 성과를 이루다

_____

표현 1
Expression 1

V-기 바쁘게

받침 O, X	기 바쁘게	보기 바쁘게
		앉기 바쁘게

▶ 집에 들어오기 바쁘게 전화가 울렸다.

▶ 장마가 지나가기 바쁘게 무더위가 찾아왔다.

▶ 다들 배가 고픈지 식당에 앉기가 바쁘게 주문을 했다.

 1 아래에서 알맞은 동사를 골라 보기와 같이 문장을 완성하세요.

하다	떨어지다	끝나다	돌아오다	개봉하다	눕다

 침대에 (눕기 바쁘게) 잠이 들었다.

1) 학생들은 수업이 (　　　　　　　　　　　　　　　) 교실을 빠져나갔다.

2) 교수님의 말이 (　　　　　　　　　　　　　　　) 시험을 치기 시작했다.

3) 요즘 회사원들은 퇴근을 (　　　　　　　　　　　　) 운동을 하러 간다.

4) 집에 (　　　　　　　　　　　　　) 컴퓨터를 켜서 이메일을 확인했다.

5) 그 영화가 (　　　　　　　　　　　　　　　　) 예매를 했다.

2 보기와 같이 문장을 완성하세요.

보기 방학이 되다 → 방학이 되기 바쁘게 집으로 돌아갔어요.

1) 대학을 졸업하다

_____

2) 강의가 끝나다

_____

3) 갖고 싶은 물건을 사다

_____

4) 고향으로 돌아가다

_____

5) 말이 끝나다

_____

표현2
Expression 2

V-자기에

받침 O, X	자기에	가자기에
		먹자기에

▶ 내일 등산을 가자기에 좋다고 했다.

▶ 오늘 점심으로 떡볶이를 먹자기에 그러자고 했다.

▶ 이번 주 금요일에 회의를 하자기에 동의했다.

1 아래에서 알맞은 동사를 골라 보기와 같이 문장을 완성하세요.

먹다	나가다	마시다	가입하다	공부하다	맞추다

 동생이 매운 음식을 (먹자기에) 그러자고 했다.

1) 친구가 (   ) 무턱대고 따라갔다.

2) 시원한 음료를 (   ) 카페로 들어갔다.

3) 선배가 함께 봉사 동아리에 (   ) 생각해 보겠다고 했다.

4) 친구가 오늘은 늦게까지 (   ) 아르바이트에 가야 한다고 거절했다.

5) 여자친구가 커플링을 (   ) 좋다고 했다.

2 보기와 같이 문장을 완성하세요.

해외여행 가다 → 이번 방학에는 친구가 해외여행을 가자기에 그러자고 했다.

1) 영화관에서 나가다

_____

2) 조용한 곳으로 가다

_____

3) K-POP을 부르다

_____

4) 같은 색깔의 옷을 입다

_____

5) 축제에 참여하다

_____

말하기 표현
Expressions for Speaking

자신의 생각을 제시할 때에는 그 이유나 근거가 분명해야 한다. 이유나 근거를 제시하기 위해서는 다음과 같은 표현을 사용할 수 있다.

표현	예문
왜냐하면 -기 때문입니다.	왜냐하면 행복한 가정이 없다면 안정감과 편안함을 느끼기 어렵기 때문입니다.
-이/가 그 이유입니다.	전체가 불행하다면 개인은 그 행복을 느끼기 어렵다는 것이 그 이유입니다.

 발표의 시작부분과 끝부분을 보기와 같이 말해 보세요.

삶의 가치	이유
삶의 모든 부분에서 스트레스를 줄이는 것	스트레스를 줄이는 것은 개인의 행복과 사회의 건강으로 이어진다.

저는 삶의 모든 부분에서 스트레스를 줄이는 것이 가장 중요하다고 생각합니다.
왜냐하면 스트레스를 줄이는 것은 개인의 행복과 사회의 건강으로 이어지기 때문입니다.

1)

다이어트	이유
청소년기의 다이어트는 건강을 해친다.	영양 불균형으로 성장이 더딜 수 있다.

2)

성격 변화	이유
타고난 성격을 바꾸려고 노력하는 것은 어리석다.	성격은 환경적인 요인보다 유전적인 요인에 의해 더 많은 영향을 받는다.

말하기
Speaking

1 '나의 삶의 가치'를 써 보세요.

삶의 가치

2 내가 생각하는 삶의 가치에 대하여 적절한 이유를 포함하여 정리해 보세요.

내가 생각하는 삶의 가치	
이유	· · ·

3 정리한 내용을 바탕으로 '나의 삶의 가치'를 발표해 보세요.

4 친구들이 말하는 삶의 가치와 이유를 듣고 아래의 표에 정리해 보세요.

① (   )

삶의 가치	이유

② (   )

삶의 가치	이유

5 다른 사람의 발표는 어땠는지 이야기해 보세요.

3장

한국의 예술 작품

▷ 여러분이 좋아하는 한국 예술 작품은 무엇입니까? 왜 좋아합니까?

▷ 여러분이 생각하는 한국 예술 작품의 특징에 대해 이야기해 봅시다.

듣기 전
Pre-Listening

시각 자료 활용하여 듣기

강의나 발표를 들을 때 제시된 시각 자료를 보면 강의 내용을 보다 쉽게 이해할 수 있다. 특히 강의나 발표를 듣기 전에 제시된 그림이나 사진과 같은 시각 자료를 보면 배경지식을 활성화 할 수 있고 강의나 발표의 주제를 예측할 수 있다.

다음 그림을 보고 어떤 내용을 듣게 될지 예측해 보고, 다 들은 후의 내용을 간략히 정리해 보세요.

듣기 전	들은 후

어휘 및 표현
Vocabulary and Expressions

다음은 '한국의 예술작품' 소개에 나오는 어휘입니다. 아래의 빈칸에 알맞은 어휘를 찾아 쓰세요.

독창적	암울하다	소박하다	자아내다	향토적
병마와 싸우다	생을 마치다	애정 어리다	묘사하다	화폭에 담다

1) 박수근 작가의 작품은 다른 화가의 작품들과는 다른 그만의 (   ) 느낌이 있다.

2) 한국사람들은 전쟁과 일제강점기와 같은 (   ) 시기를 겪어왔다.

3) 마치 눈앞에 있는 것처럼 자세하게 설명하는 것을 (   )라고 한다.

4) 이 그림은 '서민들의 일상생활'이라는 주제처럼 (   ) 색채를 잘 살려냈다.

5) 그는 견디기 힘든 (   ) 작년에 숨을 거두었다.

듣기
Listening

다음은 미술 작품에 대한 해설입니다. 잘 듣고 질문에 답해 보세요.

1 박수근 작가에 대한 설명으로 **틀린 것**을 고르세요.

① 박수근 작가의 작품은 대체로 따뜻하다.

② 박수근 작가는 힘들고 암울한 시대를 살았다.

③ 박수근 작가는 건강이 안 좋아져서 세상을 떠났다.

④ 박수근 작가는 생활이 어려워서 본업을 따로 가지고 있었다.

2 박수근 작품의 특징은 무엇입니까?

① 소박한 우리의 일상을 정감 있게 묘사함

② 다양한 색채를 사용하여 화려하게 표현함

③ 전쟁과 가난의 끔찍함을 사실적으로 묘사함

④ 힘들고 지친 여인들의 모습을 안쓰럽게 나타냄

3 다음은 작품 해설을 정리한 것입니다. 빈칸에 알맞은 내용을 쓰세요.

작가 소개	화가 박수근은 인간의 (　　　　　　　　) 그린 화가, 자신만의 (　　　　　　　) 한국의 대표적인 화가로 설명할 수 있다.
작품 소개	빨래터는 1954년 작으로 (　　　　　　)을 그린 작품이다.
작품의 특징	일제 강점기, 6·25 등 (　　　　　　) 시대를 살았던 작가는 그 시대를 함께 살아가고 있는 사람들을 (　　　　　　) 눈길로 화폭에 담았다. 그의 그림 속에 등장하는 사람들의 모습을 (　　　　　) 묘사했다.
작가의 일생	• 작가는 어렵고 힘든 환경에서도 (　　　　　　) 그림을 그렸지만 시대 상황을 비롯한 여러 가지 원인으로 어려운 생활이 계속되었다. • 생전의 박수근은 진실하게 살려고 애썼고, (　　　　　) 길렀다고 했다. 이처럼 박수근의 작품은 (　　　　　) 나타내야 한다는 자신의 (　　　　)을 표현해 놓고 있다.

4 박수근 화백의 가치관은 무엇입니까?

_____

_____

5 박수근 화백의 그림을 보면 여러분은 어떤 느낌이 듭니까?

_____

_____

6 박수근 화백의 다른 작품들도 찾아보고 그림의 특징을 이야기해 보세요.

_____

_____

어휘 및 표현 확인하기
Checking Vocabulary and Expressions

1 다음의 의미에 해당하는 알맞은 어휘를 찾아 쓰세요.

독창적	암울하다	선하다	향토적	묘사하다

1) 절망적이고 침울하다.   (   )

2) 고향이나 시골의 정취가 담긴 것   (   )

3) 다른 것을 모방하지 않고 새로운 것을 만들어 내는 것   (   )

4) 어떤 대상이나 사물, 현상을 언어로 서술하거나 그림을
   그려서 표현하는 것   (   )

5) 올바르고 착하여 도덕적 기준에 맞다   (   )

2 다음 중 알맞은 것을 골라 문법에 맞게 문장을 완성하세요.

소박하다	자아내다	생을 마치다	애정 어리다	정감 있다

1) 어떤 작가의 묘비명은 '평생 감사하며 살다가, 한 점 미련없이 (   )'이다.

2) 이 작품은 여러 색채를 사용하여 화려하지 않고 (   ) 특징이 있습니다.

3) 그 공연은 여러 사람의 감탄을 (   ) 충분하다.

4) 나의 부모님은 언제나 나를 (   ) 눈길로 바라봐 주신다.

5) 제주도 사투리는 다른 지역 사투리보다 특히 (   ) 느껴진다.

3 다음의 어휘 및 표현을 사용하여 문장을 만들어 보세요.

1) 선하다

_____

2) 암울하다

_____

3) 소박하다

_____

4) 자아내다

_____

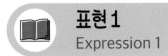

표현1
Expression 1

V/A-는다는

	받침 O	는다는	먹는다는
V	받침 X	ㄴ다는	간다는
A	받침 O, X	다는	작다는 / 크다는

▶ 추운 겨울에도 아이스커피를 마신다는 사람들이 많다.

▶ 매년 연말에는 이런저런 생각들이 많아진다는 말을 들었다.

▶ 모든 것을 할 수 있다는 마음을 가지면 어떨까?

1 아래에서 알맞은 것을 골라 보기와 같이 문장을 완성하세요.

않다	돌아가다	기르다	아니다	죽다	좋다

 중립이란 어디에도 속하지 (않는다는) 것을 의미한다.

1) 방학에 고향으로 (   ) 학생이 전체의 50%가 넘는다.

2) 성공한 사람은 어릴 때부터 좋은 습관을 (   ) 기사를 봤다.

3) 어릴 때 성공은 진짜 성공이 (   ) 말을 들어본 적이 있다.

4) 유명한 홍콩배우 장국영이 (   ) 소식을 들었을 때 정말 슬펐다.

5) 식료품은 비싼 것이 (   ) 말을 어머니께서 하셨다.

2 보기와 같이 대화를 완성하세요.

보기 가: 가는 걸 왜 그냥 보고만 있어?
나: 굳이 (떠난다는) 걸 내가 어떻게 하겠어요.

1) 가: 반드시 네가 먼저 사과할 필요는 없어.
   나: 맞아. 그런데 나는 어릴 때부터 내가 먼저 (   ) 생각을 가지고 있었어.

2) 가: 발 없는 말이 천 리 (   ) 속담이 있어요. 말 조심해야 해요.
   나: 네. 알겠어요.

3) 가: 저 식당이 우리 학교 근처에서 제일 (   ) 이야기를 들었어요.
   나: 그럼 저기 가 볼까요?

4) 가: 다음 학기에 (   ) 소식 들었어. 무슨 일이 있는거야?
   나: 아니, 무슨 일이 있는 건 아니고 너무 지쳐서 좀 쉬면서 고향에 다녀올까 해.

표현 2
Expression 2

V/A-든가

V	받침 O, X	든가	가든가 / 맵든가
V/A	받침 O	이라든가	방학이라든가
	받침 X	라든가	축구라든가

▶ 이번 방학에는 부산에 가든가 제주도에 갈 예정이에요.

▶ 대학원에서는 한국어 교육이라든가 한국 문화를 공부해 보고 싶어요.

▶ 그 모임에 누가 오든가 상관없습니다.

※ 큰 의미 차이 없이 'V/A-든지'와 바꾸어 쓸 수 있음

▶ 그 모임에 누가 오든지 상관없습니다.

1 아래에서 알맞은 동사를 골라 보기와 같이 문장을 완성하세요.

쓰다	맵다	만나다	내리다	언제	없다

보기) 내가 보고싶으면 이메일을 (쓰든가) 전화를 해.

1) 내가 여기에 있든가 (   ) 아무도 신경을 쓰지 않는다.

2) 내일은 친구를 (   ) 영화를 볼 거예요.

3) 한국 음식은 보통 (   ) 짜요.

4) 궁금한 것이 있으면 (   ) 찾아와서 질문하세요.

5) 비가 (   ) 눈이 (   ) 내일 행사는 예정대로 진행될 예정입니다.

2 아래에서 알맞은 것을 골라서 보기와 같이 대화를 완성하세요.

학용품	책	건강식품	액세서리	장소
공책	소설	홍삼	반지	예식장
연필	잡지	꿀	목걸이	호텔
필통	만화	비타민	귀걸이	교회

보기 가: 초등학교에 입학하는 조카가 있는데 무슨 선물이 좋을까요?
　　　나: 연필이라든가 필통 같은 학용품을 사 주는 게 좋을 것 같아요.

1) 가: 병원에 입원해 있는 친구한테 가려고 하는데 뭘 가지고 가면 좋을까요?
　　나: _____

2) 가: 다음 주 토요일이 할머니 생신인데 무슨 선물을 사는 게 좋을까요?
　　나: _____

3) 가: 한국 사람들은 어떤 곳에서 결혼식을 많이 해요?
　　나: _____

4) 가: 다음 달이 여자친구의 생일인데 무슨 선물을 받으면 기뻐할까요?
　　나: _____

말하기 표현
Expressions for Speaking

시청각 자료를 활용해서 발표하면 내용을 보다 효과적으로 전달할 수 있다. 듣는 사람이 흥미를 느낄 수 있고, 내용을 보다 쉽게 이해할 수 있다. 시청각 자료의 종류는 사진, 동영상, 그림, PPT 슬라이드 등이 있다. 자신의 주제에 맞는 시청각 자료를 선택하면 된다.

표현	예문
_____을/를 봐 주시기 바랍니다. _____을/를 한번 보시겠습니다/들으시겠습니다.	이 그림을 봐 주시기 바랍니다.
_____에서 보시다시피/들으셨다시피	이 음악은 들으셨다시피 경쾌하고 흥겨운 느낌이 듭니다.
_____에서 알 수 있듯이 _____에서 한눈에 보실 수 있는 것처럼	이 사진에서 알 수 있듯이 한국의 백자는 부드럽고 아름다운 곡선으로 이루어져 있습니다.
_____을/를 보면 _____을 알 수 있습니다.	이 동영상을 보면 한복의 아름다움을 알 수 있습니다.

▶ 다음 시청각 자료를 보고 위의 표현을 사용하여 보기와 같이 말해 보세요.

시청각 자료	내용
	중간에 한국의 민속 놀이인 씨름을 하고 있다. 주위의 사람들이 그 모습을 구경하고 있다. 조선시대 서민들의 삶의 모습을 알 수 있다.

이 그림을 봐 주시기 바랍니다. 중간에서 한국의 민속 놀이인 씨름을 하고 있고, 주위의 사람들이 그 모습을 구경하고 있습니다. 이 그림을 보면 조선 시대 서민들의 삶의 모습을 알 수 있습니다.

1)

시청각 자료	내용

⇩

2)

시청각 자료	내용

⇩

1 여러분 나라의 예술 작품을 하나 정해 그 작품에 대해 소개하려고 합니다. 어떤 예술 작품에 대해 발표하고 싶습니까? 조사하고 아래의 표에 써 보세요.

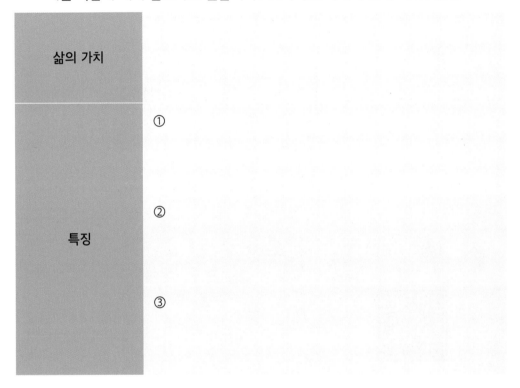

삶의 가치	
특징	①
	②
	③

2 여러분 나라의 예술 작품에 대해 발표할 때 어떤 시청각 자료를 제시하면 좋을지 생각하고 자료를 찾아서 발표문의 개요를 만들어 보세요.

처음			
이유	①	자료 :	
		내용 :	
	②	자료 :	
		내용 :	
	③	자료 :	
		내용 :	
끝			

3 조사한 내용을 바탕으로 '내가 좋아하는 예술작품'이라는 주제로 시청각 자료를 제시하며 발표해 보세요.

4 다른 사람의 발표는 어땠는지 이야기해 보세요.

4장

사건과 사고

▷ 여러분은 지금까지 있었던 한국의 사건, 사고 중 어떤 일이 가장 기억납니까?

▷ 그 일이 기억에 남은 이유는 무엇입니까?

듣기 전
Pre-Listening

시간 순으로 정리하며 듣기

시간의 흐름에 따른 강의나 다큐멘터리를 들을 때에는 시간에 따라 어떠한 일이 발생했는지 도식화해서 간단히 메모하면 전체적인 흐름을 더 잘 이해할 수 있다.

다음은 성수대교 붕괴 사고관련 내용입니다. 시간 순으로 주요 내용을 정리하며 들어보세요.

날짜 및 시간	내용
1979년 10월	- 통행을 시작한 성수대교
	-
	-
	-

어휘 및 표현
Vocabulary and Expressions

다음은 '사건과 사고'의 듣기에 나오는 어휘입니다. 아래의 빈칸에 알맞은 어휘를 찾아 쓰세요.

무너지다	설계되다	붕괴되다	전면	폐쇄하다
인지하다	잔해	파묻히다	조치를 취하다	교훈

1) 이 건물은 창문에서 바다를 바라볼 수 있게 (   ) 매우 전망이 좋다.

2) 화재로 인하여 해당 출입구를 (   ) 다른 출입구를 이용해 주시기 바랍니다.

3) 너무 걱정하지마 "공든 탑이 (   )"라는 속담도 있잖아.

4) 이 사고를 통해 우리 모두가 사태의 심각성을 (   ) 빠른 해결 방법을 찾아야 할 것이다.

5) 이 사건이 우리에게 주는 (   )은 정직하게 살라는 것이다.

듣기
Listening

다음은 삼풍백화점 사고에 대한 다큐멘터리입니다. 잘 듣고 질문에 답해 보세요.

1 다음 중 이 글이 주는 교훈으로 **틀린 것**을 고르세요.

① 관리자의 말이 전문가의 말보다 중요하다.

② 건물은 미리 안전 점검을 철저하게 해야 한다.

③ 유사한 사건이 일어나지 않도록 유의해야 한다.

④ 안타까운 생명을 잃은 이 사고를 잊어서는 안 된다.

2 들은 내용과 같으면 ○, 다르면 X 표시하세요.

① 관리자들은 붕괴 직전 백화점을 전면 폐쇄했다.   (   )

② 1995년 6월 29일 삼풍백화점은 완전히 붕괴됐다.   (   )

③ 삼풍백화점은 설계된 후 10년도 되지 않아서 무너졌다.   (   )

④ 무너지기 1개월 전부터 균열과 같은 붕괴 조짐이 보였다.   (   )

3 다음은 다큐멘터리의 내용을 정리한 것입니다. 빈칸에 알맞은 내용을 쓰세요.

	<1987년 설계된 삼풍백화점>	
사고의 개요	( )	쿵 소리와 함께 백화점이 무너짐
	붕괴 ( )4월	식당가 천장에 균열 생김
	같은 해 5월	균열에서 모래가 떨어지면서 ( )
	붕괴 당일인 ( )	5층 식당가 기울어짐 천장에 균열 생김
	오전 11시	현장 확인
	( )	5층 식당가 영업 전면 중지
대형 사고의 발단	건축 전문가	( ) 빨리 긴급 보수를 해야 한다고 함
	관리자	( )
	( )	본격적인 건물 붕괴 시작
	20초 후	지하 4층까지 ( )
붕괴의 피해	대피하지 못한 1,500명의 사람들이 ( ) ( ) 사망, ( ) 부상인 대형 사고 아픔은 여전히 우리의 가슴 속에 남아 있음	

4▷ 이 사고가 한국 사회에 어떤 영향을 주었을지 생각해 봅시다.

_____

_____

5▷ 여러분 나라의 사건, 사고를 한 가지 말해 보세요.

_____

_____

6▷ 여러분 나라의 사건, 사고에 대해서 간략히 조사하고 친구들에게 말해 보세요.

_____

_____

어휘 및 표현 확인하기
Checking Vocabulary and Expressions

1 다음의 의미에 해당하는 알맞은 어휘를 찾아 쓰세요.

균열	전면	잔해	교훈	긴급보수

1) 모든 면 또는 모든 부문   (   )

2) 거북의 등에 있는 무늬처럼 갈라짐   (   )

3) 부서지거나 못 쓰게 되어 남아 있는 물체   (   )

4) 비상상황이 발생한 경우에 작업을 멈추고 수리하는 일   (   )

5) 앞으로의 행동이나 생활에 지침이 될 만한 것을 가르침   (   )

2 다음 중 알맞은 것을 골라 문법에 맞게 문장을 완성하세요.

내려앉다	영문도 모르다	파묻히다	조치를 취하다

1) 사건이 일어나지 않도록 미리 (   ) 것이 좋다.

2) 밤새 눈이 내려 나뭇가지에 눈이 소복하게 (   )

3) 친구가 배꼽이 빠지게 웃어서 나도 (   ) 따라웃었다.

4) 아이가 어머니의 품속에 (   ) 잠이 들고 말았다.

3 다음의 어휘 및 표현을 사용하여 문장을 만들어 보세요.

1) 설계되다

_____

2) 폐쇄하다

_____

3) 인지하다

_____

4) 조치를 취하다

_____

V-(으)ㄹ 법하다

받침 O	을 법하다	웃을 법하다
받침 X	ㄹ 법하다	갈 법하다

▸ 성적이 좋아서 장학금을 받을 법한데 아직 모르겠다.

▸ 그렇게 거짓말을 잘하니까 사람들이 속을 법도 해요.

▸ 음식이 워낙 맛있어서 사람들이 많이 갈 법도 합니다.

 아래에서 알맞은 것을 골라 보기와 같이 문장을 완성하세요.

받다	넘다	있다	생기다	손꼽히다	좋아하다

 그 영화는 해외 영화제에서 상을 (받을 법하다).

1) 그 일은 충분히 (   ) 일이다.

2) 첨성대는 한국에서 (   ) 문화재이다.

3) 이번 방학에는 재미있는 일이 (   ) 왜 아직 아무 일도 없는걸까?

4) 그 사람은 사람들이 (   ). 누구에게나 친절하고 따뜻하잖아.

5) 이곳의 나무들은 최소한 백 년은 (   ).

2 보기와 같이 대화를 완성하세요.

> **보기**
> 가: 여기는 굉장히 비싸서 돈이 많은 사람들이나 (갈 법하다고 생각했어).
> 나: 아니야. 분위기만 그렇지 그렇게 비싸지 않아.

1) 가: 네 말을 듣고 보니 (   ). 내가 미안해.
   나: 아니야. 이해해 줘서 고마워.

2) 가: 돈을 많이 주면 다른 회사로 (   ) 여기에 남아 있다니... 이유가 있어?
   나: 나는 이 회사의 사람들이 정말 좋거든.

3) 가: 이걸 틀렸어? 이건 교수님께서 중요하다고 하셨잖아. 충분히 (   ) 문제였어.
   나: 맞아... 책에 표시를 해 놓고도 틀렸어.

4) 가: 봐. 같은 시간에 자꾸 이렇게 전화가 오다가 끊어진다니까?
   나: 그렇네... 신경이 (   ). 다시 전화를 걸어 봐.

표현 2
Expression 2

V-는 한

받침 O, X	는 한	가는 한 / 있는 한

▶ 특별한 사정이 없는 한 반드시 참석하십시오.

▶ 제 힘이 닿는 한 최선을 다해서 도와드릴게요.

▶ 포기하지 않는 한 실패는 없습니다.

1 보기와 같이 문장을 완성하세요.

계속해서 도전하다 / 실패는 없다.
→ 계속해서 도전하는 한 실패는 없습니다.

1) 가능하다 / 빨리 처리하다

→ _____

2) 사고 싶은 물건을 다 사다 / 돈을 모으기 힘들다

→ _____

3) 우리에게 꿈이 있다 / 멈추지 않는다

→ _____

4) 표현을 하지 않다 / 아무도 너의 마음을 알 수 없다

→ _____

5) 열심히 공부하다 / 나쁜 결과는 없다.

→ _____

2 보기와 같이 대화를 완성하세요.

가: 오늘 이 서류가 꼭 필요한데 조금 더 빨리는 안 될까요?
나: 네, (가능한 한) 최대한 빨리 처리해 드릴게요.

1) 가: 이번에도 시험에 떨어질까 봐 너무 걱정돼.

나: 아니야. 꾸준히 (   ) 언젠가는 반드시 합격할 거야.

2) 가: 오늘도 자전거를 타고 왔어요?

나: 네. 의사 선생님 말씀대로 (   ) 택시는 타지 않으려고요.

3) 가: 고마워. 너희들이 (   ) 나는 절대 외롭지 않아.

나: 우리도 마찬가지야!

4) 가: 발음이 너무 신경쓰여. 발음을 좀 정확하게 할 수 있는 방법이 뭘까?

나: 뉴스를 들으면서 (   ) 여러 번 따라해 보는 게 가장 중요한 것 같아.

말하기 표현
Expressions for Speaking

사건이나 현상에 대해 설명할 때에는 정확한 사실을 기술하고, 그 사건의 원인과 결과에 대해서도 말해야 한다. 사실을 전달하고 사건의 원인과 결과를 설명하기 위해서는 다음과 같은 표현을 사용할 수 있다.

표현	예문
-(으)로 인하여 -이/가 발생하게 되었습니다.	무심코 버리고 간 담배로 인하여 대형 산불이 발생하게 되었습니다.
-(으)로 말미암아 -되었습니다.	주위 사람들의 무관심으로 말미암아 소외 계층들은 더욱 힘들게 되었습니다.
-을 초래했습니다.	약자와 소수를 보호하지 않는 일부의 사람들의 행동이 이러한 비극을 초래했습니다.

▶ 다음은 '한국의 사건 사고'에 대한 내용입니다. 사건, 사고에 대해 자료를 찾아 읽어본 후 위의 표현을 사용해서 사건의 원인과 결과를 설명하세요.

사건 사고	내용
대형 식품 공장의 인사 사고	• 20대 여성 근로자가 기계에 끼어 숨지는 사고가 발생했다. • 2인 1조로 근무해야 하지만 인력 부족으로 혼자 근무하다가 사고가 발생했다.

20대 여성 근로자가 기계에 끼어 숨지는 사고가 발생했습니다. 2인 1조로 근무해야 하지만 인력 부족으로 인하여 홀로 근무를 하다가 사망 사고가 발생하게 되었습니다.

1)

사건 사고	내용
대구 지하철 사고	

2)

사건 사고	내용
세월호 참사	

3)

사건 사고	내용
이태원 참사	

⇩

말하기
Speaking

1 여러분이 기억하는 사건이나 사고를 한 가지 정해서 써 보세요.

사건, 사고

2 위에서 정한 사건, 사고의 원인과 해결 방안에 대해서 구체적으로 조사하고 정리해 보세요.

사건, 사고	
내용	· · ·
원인	· · ·
해결 방안	· · ·

3 정리한 내용을 바탕으로 '사건, 사고의 원인과 해결 방안'을 발표해 보세요.

4 친구들이 발표한 사건과 사고를 듣고 아래의 표에 정리해 보세요.

① (   )

사건 사고	원인	해결 방안

② (   )

사건 사고	원인	해결 방안

5 다른 사람의 발표는 어땠는지 이야기해 보세요.

MEMO

5장

별자리 이야기

▷ 하늘에서 별자리를 찾아본 적이 있습니까?

▷ 알고 있는 별자리의 이름에 대해 친구들과 이야기해 봅시다.

듣기전
Pre-Listening

화제 전환 표지에 따라 내용 파악하며 듣기

강의나 발표는 여러 개의 화제로 이루어져 있다. 그래서 말하는 사람은 화제를 바꾸고 싶을 때 '그런데, 한편, 다음으로'와 같은 표현을 사용해 화제가 바뀌었음을 안내한다. 듣는 사람은 이러한 표현을 통해 발표나 강의의 내용이 바뀌었다는 것을 알아내거나 전체 내용의 순서를 파악할 수 있다.

다음은 별자리 관련 내용입니다. 잘 듣고 설명한 내용을 정리하며 들어 보세요.

주제	별자리의 이름
화제 1	서양: 그리스 로마 신화의 인물이나 동물의 이름을 붙였다. (예: 오리온, 페가수스)
화제 2	
화제 3	

어휘 및 표현
Vocabulary and Expressions

다음은 '별자리'에 대한 강의에 나오는 어휘입니다. 아래의 빈칸에 알맞은 어휘를 찾아 쓰세요.

무수하다	별자리	중심	공전하다	운세	과학적
12간지	대기오염	인공	조명	치이다	여유

1) 도시에서는 별이 잘 보이지 않지만 시골에서는 (   ) 별을 볼 수 있다.

2) 달은 한 달에 한 번 지구를 한 바퀴 (   )

3) 전기를 사용한 (   ) 개발되기 전에는 밤에 활동하기가 어려웠다.

4) (   ) 지능이란 인간처럼 생각하고 행동할 수 있는 컴퓨터를 의미한다.

5) 내 동생은 요즘 공부에 (   ) 사느라 놀지도 못한다.

다음은 천문학 교양 강의에서 학생이 발표한 내용입니다. 잘 듣고 아래의 질문에 답해 보세요.

1 계절마다 별자리가 달라지는 이유는 무엇입니까?

① 달이 별자리를 가리기 때문에

② 태양의 위치가 달라지기 때문에

③ 지구가 태양의 주변을 회전하기 때문에

④ 별자리가 태양을 중심으로 회전하기 때문에

2 다음 중 발표에서 들은 내용을 모두 고르세요.

① 하늘의 별자리가 달라지는 이유

② 계절마다 볼 수 있는 별자리의 종류

③ 생일에 자신의 별자리를 볼 수 없는 이유

④ 별자리 운세가 과학적으로 맞지 않는 이유

3 다음은 발표 내용을 정리한 것입니다. 빈칸에 알맞은 내용을 쓰세요.

하늘의 별자리가 달라지는 이유	• 버스를 타고 도시를 ( ) 돌면 풍경이 달라진다. • 지구가 태양을 ( ) 1년에 한 번 ( )기 때문에 밤하늘의 별자리가 달라진다.
생일에 자신의 별자리를 볼 수 없는 이유	생일별 별자리는 ( ) 어느 별자리 근처에 있는지에 따라 정해진다. 1~2월의 생일 별자리는 ( )인데, 태양이 겨울에 이 별자리의 위치에 있기 때문에 볼 수 없다. ( )이 지난 후에 자신의 별자리를 볼 수 있다.
결론	도시에서는 대기오염과 ( ) 때문에 별자리를 보기 어렵다. 하지만 ( )을 활용해 별자리의 위치를 찾을 수 있다. 한 번쯤은 별자리를 찾으면서 ( )를 가지는 것도 좋다.

4 여러분의 생일 별자리는 무엇입니까?

_____

_____

5 여러분의 생일 별자리는 언제 볼 수 있는지 찾아 보세요.

_____

_____

6 스마트폰을 사용해 별자리를 찾는 방법을 조사해 보세요.

_____

_____

어휘 및 표현 확인하기
Checking Vocabulary and Expressions

1 다음의 의미에 해당하는 알맞은 어휘를 찾아 쓰세요.

운세	여유	12간지	별자리	무수하다

1) 밝은 별을 기준으로 별들에게 이름을 붙인 것 ( )

2) 사람의 운이나 미래를 예상해 보는 행위 ( )

3) 숫자를 셀 수 없을 정도로 많다. ( )

4) 동양에서 달력이나 시간을 정할 때 사용한 체계 ( )

5) 시간이나 공간이 꽉 차있지 않고 넉넉하다. ( )

2 다음 중 알맞은 것을 골라 문법에 맞게 문장을 완성하세요.

인공	중심	과학적	대기오염

1) 지구, 화성, 목성 등의 행성은 태양을 ( )으로 회전한다.

2) 신이 존재하는 것을 ( )으로 설명할 수 없기 때문에 종교를 믿지 않는 사람들도 있다.

3) 가: 너 요새 왜 마스크를 쓰고 다녀? 감기에 걸렸어?

　나: 미세먼지 때문이야. 요즘 ( ) 때문에 하늘이 뿌옇잖아.

4) 가: ( ) 위성이 뭐야?

　나: 달처럼 자연적으로 만들어진 위성이 아니라 사람이 만든 위성을 가리키는 단어야.

3 다음의 어휘 및 표현을 사용하여 문장을 만들어 보세요.

1) 중심

_____

2) 치이다

_____

3) 과학적

_____

4) 무수하다

_____

N에 비하면

받침 O, X	에 비하면	가격에 비하면, 나이에 비하면

▸ 내 동생은 나이에 비하면 어른스러운 편이다.

▸ 이 가방은 가격에 비하면 디자인이 훌륭하다.

▸ 열심히 일했지만 노력에 비하면 성과가 적었다.

▸ 피자에 비하면 부침개는 칼로리가 낮은 음식이라고 할 수 있다.

1 아래에서 알맞은 단어를 골라 보기와 같이 문장을 완성하세요.

숫자	월세	작년	전작	학기	회사

보기 타로 카드를 믿는 사람들의 (숫자에 비하면) 별자리 운세를 믿는 사람들은 적은 편이다.

1) 이번 학기 전공 수업은 지난 (   ) 재미있고 쉬운 편이다.

2) 이 지역은 교통이 불편하지만 (   ) 훨씬 편해졌다.

3) 이번에 새로 입사한 직장은 전에 다니던 (   ) 월급이 높은 편이다.

4) 서울의 월세 가격은 내 고향의 (   ) 매우 싼 편이다.

5) 이번에 새로 나온 영화는 (   )에 비하면 감동적이지 않다.

2 보기와 같이 문장을 완성하세요.

보기　작년 vs 올해 → 작년에 받은 용돈에 비해 올해 받은 용돈이 더 많다.

1) 도시 vs 시골

_____

2) 오전 vs 오후

_____

3) 부자 vs 가난한 사람

_____

4) 여름 vs 겨울

_____

5) 대중교통 vs 자가용

_____

표현2
Expression 2

V/A-아/어서인지

ㅏ, ㅗ O	아서인지	와서인지, 좋아서인지
ㅏ, ㅗ x	어서인지	먹어서인지, 예뻐서인지
하다 O	해서인지	공부해서인지, 깨끗해서인지

▶ 오늘은 날씨가 추워서인지 공원에서 산책하는 사람들이 별로 없다.

▶ 요즘 과제 때문에 잠을 못 자서인지 피곤하다.

▶ 요즘 공부를 열심히 해서인지 성적이 올랐다.

1 아래에서 알맞은 동사를 골라 보기와 같이 문장을 완성하세요.

과식하다	긴장하다	덥다	오다	자다	지르다

 요즘 날씨가 (더워서인지) 아이스크림을 사는 사람들이 많아졌다.

1) 어제 친구를 만나서 (   ) 배가 불편하다.

2) 주말에 아무 것도 안 하고 집에서 잠만 (   ) 몸이 개운해졌다.

3) 아침에 비가 (   ) 날씨가 춥다.

4) 주말에 야구장에서 두 시간 동안 소리를 (   ) 목이 쉬어버렸다.

5) 마이클은 말하기 대회 때문에 (   ) 손을 떨고 있었다.

2 보기와 같이 문장을 완성하세요.

보기 커피를 많이 마셨다 → <u>커피를 많이 마셔서인지 잠이 안 온다.</u>

1) 늦잠을 잤다

_____

2) 바람이 많이 분다

_____

3) 스트레스를 받는다

_____

4) 한국생활에 익숙해졌다

_____

5) 과음을 했다

_____

말하기 표현
Expressions for Speaking

화제를 바꾸기 전에 미리 듣는 사람에게 안내를 하는 것이 좋다. 화제를 바꿀 때에는 다음과 같은 표현을 사용할 수 있다.

표현	예문
지금까지 -에 대해 말씀드렸습니다.	지금까지 동양의 별자리에 대해 말씀드렸습니다.
이번에는 -에 대해 설명하겠습니다.	이번에는 서양의 별자리에 대해 설명하겠습니다.

▶ 화제를 바꿀 때 사용하는 표현을 사용하여 보기와 같이 말해 보세요.

첫 번째 화제	두 번째 화제
물병자리와 관련된 신화	물고기자리와 관련된 신화

지금까지 물병자리와 관련된 신화에 대해 말씀드렸습니다. 이번에는 물고기자리와 관련된 신화에 대해 설명하겠습니다.

1)

첫 번째 화제	두 번째 화제
봄에 볼 수 있는 별자리	가을에 볼 수 있는 별자리

2)

첫 번째 화제	두 번째 화제
별자리 운세의 특징	12간지 운세의 특징

1 '나의 생일 별자리'에 대해 조사해서 발표하려고 합니다. 다음 화제 중에서 어떤 것을 조사할지 고르세요. 단, 최소 3개 이상 선택해야 합니다.

☐ 별자리 이름의 유래   ☐ 별자리를 이루는 별들의 특징

☐ 별자리와 관련된 신화   ☐ 생일 별자리 근처에 있는 다른 별자리

☐ 별자리를 볼 수 있는 계절   ☐ 나와 별자리가 같은 유명인들

2 1번에서 선택한 내용에 대해 조사하고, 조사한 내용을 아래에 메모하세요.

번호	발표 내용	조사 내용
1		
2		
3		
4		

3 조사한 내용을 바탕으로 발표할 내용을 아래의 표에 정리하세요.

발표 순서	발표 내용
발표 시작	
발표 내용 ①	
발표 내용 ②	
발표 내용 ③	
발표 내용 ④	
결론	

4 정리한 내용을 바탕으로 '나의 생일 별자리'에 대해 발표해 보세요.

5 친구들의 발표를 듣고 발표가 어땠는지 이야기해 보세요.

6장

공연과 감상

▷ 여러분은 공연을 본 경험이 있습니까? 어떤 공연을 봤습니까?

▷ 여러분이 보고 싶은 공연은 무엇입니까?

듣기 전
Pre-Listening

반언어적 요소로 발표자의 의도 파악하기

발표를 들을 때 억양, 어조, 목소리 크기 등인 반언어적 요소를 통해 발표자의 감정이나 의도를 파악할 수 있다. 휴지를 둔 뒤 말을 하거나, 목소리가 커진다면 발표자가 강조하는 부분임을 알 수 있다.

다음은 영화를 본 후 감상을 발표한 내용입니다. 잘 듣고 발표자가 강조하고 싶은 부분이 무엇인지 정리해 보세요.

강조하는 부분

어휘 및 표현
Vocabulary and Expressions

다음은 '공연 감상' 발표에 나오는 어휘입니다. 아래의 빈칸에 알맞은 어휘를 찾아 쓰세요.

구성되다	동명	독립적	전개되다	녹아있다
적절하다	앞두다	조화를 이루다	상징하다	흥얼거리다

1) 태극기는 대한민국을 (   ) 국기이다.

2) 졸업을 한 달 (   ) 내 머릿속은 매우 복잡하다.

3) 자서전에는 글쓴이의 삶과 생각, 경험이 그대로 (   )

4) 그 사람은 누군가에게 의지하지 않고 (   ) 삶을 계획하여 살아간다.

5) 사람이라면 때와 장소를 구분하여 (   ) 말과 행동을 해야 하는 법이다.

다음은 뮤지컬을 보고난 후의 감상입니다. 잘 듣고 질문에 답해 보세요.

1 들은 내용과 <u>다른 것</u>을 고르세요.

① 맘마미아는 아바의 곡만으로 이루어져 있다.

② 맘마미아는 동명의 소설로도 큰 인기를 끌고 있다.

③ 맘마미아는 노래도 좋지만 무대 연출도 인상적이다.

④ 맘마미아는 소피의 결혼식을 준비하며 생기는 여러 가지 일들이 중심 줄거리이다.

2 공연 감상을 듣고 알게 된 '뮤지컬'이라는 장르에 대한 특성이 <u>아닌 것</u>을 고르세요.

① 스크린을 통해 상영된다.

② 무대의 연출이 매우 중요하다.

③ 상황에 맞는 음악이 적절하게 어우러지는 공연이다.

④ 무대에서 배우들이 노래를 부르고 연기를 하는 것이다.

3 다음은 공연 감상을 정리한 것입니다. 빈칸에 알맞은 내용을 쓰세요.

작품 소개	뮤지컬 맘마미아는 스웨덴의 팝그룹 아바의 곡 중 23곡으로 (　　　　) 이다. 전 세계에서 사랑을 받고 있으며 (　　　　) 개봉되어 사랑을 받고 있다.
작품의 줄거리	맘마미아는 (　　　　) 엄마의 딸인 소피가 아버지일 가능성이 있는 남자 세 명, 엄마의 친구 두 명과 함께 결혼식을 준비하며 (　　　　) 주된 이야기이다. 이야기가 전개되는 동안 (　　　　) 작품 곳곳에 녹아 있다.
감상	• 실용 음악을 전공한 내가 좋았던 점은 스토리에 딱 맞는 (　　　) 다는 점이었다. • 무대는 (　　　　) 그리스의 푸른 빛 바다와 흰 건물들이 (　　　) 연출되었다. • 지중해 섬의 분위기를 (　　　)보고 있으면 마치 그리스의 아름다운 휴양지에 있는 듯한 느낌이 들었다.
추천	뮤지컬이 끝난 후에도 계속 아바의 노래를 (　　　　) 다녔다. 요즘 같은 무더위에 꼭 뮤지컬 맘마미아를 보기를 추천한다.

4 여러분은 어떤 장르의 공연을 좋아합니까? 그 이유는 무엇입니까?

_____

_____

5 여러분이 가장 최근에 본 공연은 무엇입니까?

_____

_____

6 여러분이 보고 싶은 공연은 무엇입니까?

_____

_____

어휘 및 표현 확인하기
Checking Vocabulary and Expressions

1 다음의 의미에 해당하는 알맞은 어휘를 찾아 쓰세요.

소동	구성되다	전개되다	인기몰이	흥얼거리다

1) 내용이 진전되어 퍼져 나가다. ( )

2) 흥에 겨워 입으로 자꾸 부르다. ( )

3) 여러 요소들이 서로 관련되어 배열되어 있다. ( )

4) 인기가 있어 사람들이 관심을 많이 보인다. ( )

5) 사람들이 놀라거나 흥분하여 시끄럽게 법석거리는 일 ( )

2 다음 중 알맞은 것을 골라 문법에 맞게 문장을 완성하세요.

동명	명곡	청첩장	살려내다	조화를 이루다

1) 이 작품은 ( ) 소설을 영화화한 것이다.

2) 지구에서 인간은 자연과 ( ) 함께 살고 있다.

3) 한국 가수 조용필은 수많은 ( ) 부른 유명 가수이다.

4) 친구가 결혼 소식을 전하며 나에게 ( ) 건네 주었다.

5) 내 친구는 평범한 디자인의 옷도 자신만의 개성을 ( ) 입는다.

3 다음의 어휘 및 표현을 사용하여 문장을 만들어 보세요.

1) 앞두다

_____

2) 전개되다

_____

3) 적절하다

_____

4) 상징하다

_____

5) 흥얼거리다

_____

표현1
Expression 1

V	받침 O, X	는 줄	가는 줄, 먹는 줄
A	받침 O	은 줄	작은 줄
	받침 X	ㄴ 줄	피곤한 줄

V/A-는 줄

▶ 신분증을 가져와야 하는 줄 몰랐어요.

▶ 영화가 너무 재미있어서 피곤한 줄 모르고 새벽까지 봤다.

▶ 친구가 매운 음식을 잘 먹는 줄 알았다면 함께 먹었을 텐데 아쉽다.

1 아래에서 알맞은 것을 골라 보기와 같이 문장을 완성하세요.

떠나다	닫다	죽다	안되다	참석하다	재미있다

> **보기**   나는 네가 이번 주에 (떠나는 줄) 몰랐다.

1) 식당에 불이 꺼져있어서 문을 (   ) 알았어요.

2) 이번 행사에 교수님께서도 (   ) 몰랐습니다.

3) 어제 명동에 사람이 얼마나 많은지.... 정말 (   )알았어.

4) 죄송합니다. 뮤지컬을 볼 때 음식을 먹으면 (   ) 몰랐어요.

5) 한국 영화가 얼마나 (   ) 알아? 한번 봐봐. 정말 재미있어.

2 보기와 같이 대화를 완성하세요.

 보기　가: 이번에 강아지 입양했다며?
나: 응! 얼마나 (귀여운 줄 몰라). 너도 보러 와!

1) 가: 리사는 왜 이렇게 안 오는 거야?

　　나: 오늘 스터디를 _____. 지금 출발한대.

2) 가: 우와! 5:0으로 이겼네! 한국이 축구를 정말 잘한다!

　　나: 그러게! 나도 한국이 축구를 이렇게 _____

3) 가: 아직 안가셨네요? 저는 차가 없길래 _____

　　나: 놓고 간 게 있어서 다시 돌아왔어요.

4) 가: 어디 아파? 왜 목에 붕대를 감고 있어?

　　나: 아니야. 이거 스카프야.

　　가: 아. _____

표현 2
Expression 2

V/A-(으)ㄹ지라도

받침 O	ㄹ지라도	갈지라도 / 클지라도
받침 X	을지라도	죽을지라도 / 슬플지라도

▶ 경쟁이 치열할지라도 나는 그 공연의 티켓을 반드시 구하고야 말겠다.

▶ 상황에 어려움이 있을지라도 포기하지 않으면 결과는 좋은 법이다.

▶ 비록 나이는 어릴지라도 실력은 어른보다 뛰어난 학생이다.

---

1 보기와 같이 한 문장으로 만드세요.

 힘든 일이 있다 / 포기하지 않다.
　→ 힘든 일이 있을지라도 포기하지 않을 것이다.

1) 이번에 시험에 떨어지다 / 계속해서 도전하다

→ _____

2) 몸은 멀리 떨어져 있다 / 우리의 마음은 변하지 않다

→ _____

3) 비록 이번에 실패하다 / 좌절하지 않고 노력하다

→ _____

4) 피곤하고 힘들다 / 운동은 거르지 않는다

→ _____

5) 모두가 나를 떠나다 / 너만은 떠나지 않았으면 좋겠다

→ _____

2 보기와 같이 대화를 완성하세요.

보기   가: 유학생활이 너무 외롭고 힘들어요.
       나: 그렇죠. <u>하지만 아무리 힘들지라도 끝까지 하면 좋은 일이 있을거예요.</u>

1) 가: 앤디가 운동을 정말 잘하는구나!
   나: 그렇더라고. 앤디가 나이는 _____

2) 가: 오늘 오후에 비가 엄청 내린다던데... 그래도 출발하나요?
   나: _____

3) 가: 대학원을 졸업해도 취업하기가 어려울까요?
   나: _____

4) 가: 이번 시험 결과가 좋지 않으면 어쩌죠?
   나: _____

말하기 표현
Expressions for Speaking

1. 공연이나 영화를 보고 난 후 감상을 이야기할 때 묘사의 표현을 사용하면 듣는 사람이 생동감을 느끼고, 작품에 대해 이해하기가 쉽다. 묘사는 사물이나 상황에서 받은 느낌을 말로 재현하는 것이다. 흔히 묘사를 '언어로 그림 그리기'라 부르기도 한다.

표현	예문
마치 - 은/는 것 같습니다.	단풍이 빨갛게 물든 걸 보니 마치 산이 불타고 있는 것 같습니다.
-한 듯한 느낌을 줍니다.	그 노래는 내가 이별을 한 듯한 느낌을 줍니다.

2. 어떤 관점에서 작품을 보는지에 따라 평가가 달라질 수 있다. 비평을 할 때에는 어떤 관점에서 작품을 해석하는지 정해야 한다. 그리고 그 관점에 따라서 작품을 분석하고 평가를 내린다.

표현	예문
- 측면에서 보면 -는다는 점이 인상 깊었습니다.	영화 음악의 측면에서 보면 그 시대에 유행하던 음악을 적절히 사용했다는 점이 인상 깊었습니다.
- 관점에서 볼 때 -는다는 점에서 좋은 것 같습니다.	무대 연출을 전공하고 있는 제 관점에서 볼 때 화려한 조명과 훌륭한 음향 기기를 사용했다는 점에서 좋은 콘서트였던 것 같습니다.

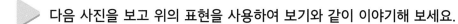 다음 사진을 보고 위의 표현을 사용하여 보기와 같이 이야기해 보세요.

사진	내용
	눈이 많이 내린 곳에 두 명의 사람이 두꺼운 옷을 입고, 털모자를 쓰고 걸어가고 있다.

눈이 많이 내려서 온 세상이 꽁꽁 얼어붙은 것 같습니다. 지붕과 창문에도 눈이 얼어붙어 있습니다. 두꺼운 옷을 입고, 털모자를 쓴 두 명의 사람이 빨리 집에 가고 싶다는 생각을 하고 있는 듯합니다.

1)

콘서트	내용

2)

영화	내용

⇩

말하기
Speaking

1 여러분이 인상 깊게 본 영화나 연극 등의 공연을 보고 난 감상을 아래의 표에 정리해 보세요.

장르
제목
줄거리
느낌
비평

2 위에서 작성한 내용을 바탕으로 '공연 감상'을 발표해 보세요.

3 친구들의 발표를 듣고 인상 깊은 공연에 대하여 간단히 정리해 보세요.

① (   )

공연	이유

② (   )

공연	이유

4 다른 사람의 발표는 어땠는지 이야기해 보세요.

MEMO

7장

직업과 진로

▷ 여러분은 어떤 직업을 갖고 싶습니까?

▷ 여러분 나라에서 인기 있는 직업은 무엇입니까?

듣기전
Pre-Listening

표나 그래프로 도식화하며 듣기

강의나 발표를 들을 때 주요 내용을 도식화하면서 들으면 내용을 더 잘 이해할 수 있고 주요 내용을 한눈에 파악할 수 있다. 조사 결과를 발표하는 내용은 간단히 그래프를 그리며 듣고, 대상을 유형에 따라 분류할 때에는 표를 그리면서 들으면 매우 효과적으로 내용을 파악할 수 있다.

다음은 희망직업 조사 관련 내용입니다. 잘 듣고 표를 작성해 보세요.

구분	직업 및 비율(%)
초등학생	유튜버 30%, 운동선수와 교사 각각 20%
중학생	
고등학생	

어휘 및 표현
Vocabulary and Expressions

다음은 '직업과 진로' 뉴스에 나오는 어휘입니다. 아래의 빈칸에 알맞은 어휘를 찾아 쓰세요.

신산업	분야	안정적	상승하다	민원	민간
유지하다	사회변화	놓치다	고령화	전환	보수

1) 시험을 앞두고 스트레스가 많아서 (   )을 위해 산책을 했다.

2) 요즘 눈길을 끄는 (   ) 인공지능(AI) 산업, 우주 산업 등이 있다.

3) 그는 교사나 공무원 같은 (   ) 직업을 선호한다.

4) 지금까지 1등을 한 번도 (   ) 않았다.

5) (   ) 계속되면서 공무원들의 업무 부담이 크게 늘어났다.

🎧 듣기
Listening

다음은 뉴스 보도입니다. 잘 듣고 아래의 질문에 답해 보세요.

1 공무원의 순위가 떨어진 이유로 알맞은 것을 고르세요.

① 의대 열풍이 거세기 때문이다.

② 악성 민원 사례가 영향을 미쳤기 때문이다.

③ 학생들이 안정적인 직업을 선호하기 때문이다.

④ 디지털 전환, 고령화 등이 영향을 미쳤기 때문이다.

2 들은 내용과 같으면 O, 다르면 X 표시하세요.

① 공무원의 인기는 떨어진 반면 신산업 분야의 인기는 늘었다. (　　　)

② 초등학생은 중학생보다 안정적인 직업을 선호한다. (　　　)

③ 민간보다 낮은 보수 수준이 공무원의 순위에 영향을 미쳤다. (　　　)

④ 디지털 전환, 코로나19와 같은 사회 변화가 희망 직업에 영향을 주었다. (　　　)

3 다음은 공연 감상을 정리한 것입니다. 빈칸에 알맞은 내용을 쓰세요.

희망직업 조사 현황	• '의대 열풍'이 ( ) '의사' 순위가 상승했다. • 공무원의 인기는 크게 ( ) 대신 소프트웨어개발자 등 ( )를 희망하는 학생이 ( ).
초등학생 희망직업 순위	• 초등학생의 희망 직업 1위는 운동선수로 최근 몇 년간 계속 1위를 ( ). • 의사는 지난해 4위에서 2위로 두 계단 ( ). • 3위는 교사, 4위는 크리에이터, 5위는 요리사 ( )으로 나타났다.
중학생 희망직업 순위	• 중학생은 초등학생보다 조금 더 ( ) 직업을 선호했다. • 중학생은 교사가 희망직업 1위, ( ) 운동선수, 경찰관, 컴퓨터공학 자가 ( )에 올랐다.
고등학생 희망직업 순위	• 고등학생 희망직업 1순위 역시 교사로 나타났는데, 조사가 시작된 이후 한 번도 희망직업 1위를 ( ) 않았다. • 생명과학자 및 연구원은 9위에서 3위로, 컴퓨터공학자는 5위에서 4위로, 의사는 7위에서 5위로 ( ) 상승했다.
희망직업 순위 변동 이유	• 공무원은 초·중·고 모두에서 10위권 밖으로 ( ). • ( )등이 영향을 미친 것으로 보인다. • 반면 ( ) 늘었다. 코로나19, 디지털 전환 등 사회변화가 영향을 준 것으로 보인다.

4 학생들의 희망직업 선택에 영향을 미친 것은 무엇입니까?

_____

_____

5 여러분 나라에서 가장 인기 있는 직업은 무엇입니까?

_____

_____

6 왜 그 직업이 인기가 있습니까?

_____

_____

어휘 및 표현 확인하기
Checking Vocabulary and Expressions

1 다음의 의미에 해당하는 알맞은 어휘를 찾아 쓰세요.

신산업	안정적	민간	보수	순위

1) 차례나 순서를 나타내는 위치나 지위 ( )

2) 기존에 없던 새로운 산업 ( )

3) 바뀌지 않고 일정한 상태를 유지하는 것 ( )

4) 정부기관에 속하지 않는 것 ( )

5) 일한 후 지급하는 돈 ( )

2 다음 중 알맞은 것을 골라 문법에 맞게 문장을 완성하세요.

밀려나다	그야말로	거세다	하락하다

1) 이번 태풍의 바람이 너무 ( ) 나무가 넘어졌다.

2) 올해 관광객 수가 작년보다 ( )

3) 그는 회사 사정이 나빠지면서 대표 자리에서 ( )

4) 가: 어제 본 영화 어땠어?

　 나: ( ) 기대 이상의 작품이었어.

3 다음의 어휘 및 표현을 사용하여 문장을 만들어 보세요.

1) 보수

_____

2) 안정적

_____

3) 신산업

_____

4) 영향을 미치다

_____

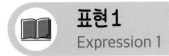

표현1
Expression 1

> **V-(으)ㅁ에 따라**

받침 O	음에 따라	공사 차량이 길을 막음에 따라 돌아서 가야 했다.
받침 X	ㅁ에 따라	의료 기술이 발달함에 따라 평균 수명이 늘었다

▶ 자동차가 많아짐에 따라 대기 오염 문제가 심각해지고 있다.

▶ 시간이 지남에 따라 한국 생활에도 익숙해졌다.

▶ 과학 기술이 발달함에 따라 우리의 생활이 편리해졌다.

1 아래에서 알맞은 것을 골라 보기와 같이 문장을 완성하세요.

어렵다	가속하다	상승하다	늘어나다	거세지다	낮다

> **보기** 취업이 (어려워짐에 따라) 결혼을 늦추는 사람이 늘었다.

1) 물가가 (   ) 생활비 부담이 커지고 있다.

2) 지구온난화가 (   ) 다양한 환경 변화가 일어나고 있다.

3) 태풍이 (   ) 항공편이 모두 취소되었다.

4) 외국인 유학생이 (   ) 다양한 문화에 대한 교육이 필요해졌다.

5) 공무원의 보수가 (   ) 희망직업 순위에서 밀려났다.

2 보기와 같이 문장을 완성하세요.

> **보기** 일하는 시간이 늘어나다
> → 일하는 시간이 늘어남에 따라 행복지수도 낮아졌다.

1) 취직을 하다 → _____

2) 마지막 지하철을 놓치다 → _____

3) 디지털 기술이 발전하다 → _____

4) 안정적인 직업을 선호하다 → _____

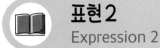

표현2
Expression 2

V/A-게 마련이다

받침 O, X	-게 마련이다	먹게 마련이다 / 변하게 마련이다

▶ 세상의 모든 것은 변하게 마련입니다.

▶ 가족과 떨어져 있으면 보고 싶게 마련입니다.

▶ 공부도 잘하고 성격도 좋으면 인기가 많게 마련이지요.

---

1 아래에서 알맞은 동사를 골라 보기와 같이 문장을 완성하세요.

 처음에는 누구나 (실수하다)
　　　　→ 사람은 누구나 실수하게 마련입니다.

1) 실수를 통해 많은 것을 (배우다) → _____

2) 연습을 많이 하면 자신감이 (생기다) → _____

3) 외국에 있으면 고향 생각이 (나다) → _____

4) 학기 초에는 설레고 기대감이 (높다) → _____

5) 말은 한번 하고 나면 (되돌릴 수 없다) → _____

2 보기와 같이 문장을 완성하세요.

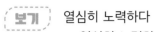 열심히 노력하다
→ <u>열심히 노력하면 성공하게 마련이다.</u>

1) 좋은 물건을 보다

_____

2) 서두르다

_____

3) 자신감을 가지다

_____

4) 부정적으로 생각하다

_____

5) 건강한 생활 습관을 가지다

_____

말하기 표현
Expressions for Speaking

1. 자신의 생각을 청중에게 쉽게 전달하기 위해서 예시를 들 수 있다. 예시는 구체적인 예를 들어 보이며 설명하는 방식이다.

표현	예문
-을/를 예로 들 수 있다	요즘은 안정적인 직업을 선호합니다. 공무원, 교사, 경찰 등을 그 예로 들 수 있습니다.
예를 들면 / 예를 들어	기본적인 삶의 문제가 해결되면 사람들은 더 높은 수준의 삶을 원하게 됩니다. 예를 들면 안전한 먹거리, 건강한 삶의 유지, 스트레스가 적은 직장생활 등이 더 중시될 것입니다.
-등이 그 예이다	취업 면접 요령을 알면 면접 준비가 쉬워진다. 자주 묻는 질문에 대한 답을 미리 준비하거나, 자신의 경험과 능력을 잘 표현하는 방법을 익히는 것 등이 그 예이다.

2. 자신의 생각을 청중에게 효과적으로 전달하기 위해 중요한 부분을 강조할 수 있다. 강조할 때는 중요한 부분이 드러날 수 있는 표현을 사용할 수 있으며 목소리에 힘을 주거나 천천히 말하기도 한다.

표현	예문
-(이)야말로, 그야말로	한국에서의 첫 학기야말로 나에게 가장 중요한 시기였습니다. 한국에서의 첫 학기는 그야말로 나에게 가장 중요한 시기였습니다.
-(으)ㄴ/는 것이 바로	한국의 전통 음식을 경험하는 것이 바로 문화 이해의 시작입니다.
-와/과는 비교할 수 없을 정도로	새로운 기술은 기존 기술들과는 비교할 수 없을 정도로 뛰어납니다.
-기(가) 그지없습니다.	이 책의 내용은 흥미롭기가 그지없습니다.

▶ **다음을 예시나 강조 표현을 사용하여 보기와 같이 말해 보세요.**

내용	우리 주위에 사람들과 어울리기 좋아하는 사람이 있다. 이런 사람들은 다른 사람에게 도움을 주는 일을 잘할 수 있다. 간호사, 교육자, 상담가 등이 있다.

우리 주위에 사람들과 어울리기 좋아하는 사람이 있습니다. 이런 사람들은 다른 사람에게 도움을 주는 일을 잘할 수 있습니다. 간호사, 교육자, 상담가 등을 예로 들 수 있습니다.

1)

내용	과거와는 다른 종류의 직업이 인기몰이를 하고 있다. 유튜브 크리에이터, 프로게이머, 방탈출 게임 설계자 등이다.

2)

내용	나라마다 선호하는 직업의 종류가 다르다. 한국과 일본 같은 아시아에서는 공무원, 교사 등 안정적인 직업을 선호한다. 프랑스, 영국 등 유럽에서는 IT 기술자, 정치인, 의사 등을 선호한다.

3)

내용	과거와 달리 현대 사회는 빠르게 변화하고 있다. ChatGPT와 같은 인공지능이 등장하면서 세계를 뒤흔들고 있다. 하늘에는 드론이 날아다니고, 식당에 가면 서빙 로봇이 음식을 가져다 준다. 사람들은 기계에게 일자리를 빼앗길까 두렵다.

말하기
Speaking

1 여러분이 직업을 선택할 때 가장 중요하게 생각하는 기준은 무엇입니까?

- 자신의 능력
- 자신의 적성
- 자신의 성격
- 직업 가치관
- 발전 가능성

- 안정성
- 근무시간
- 흥미
- 보수
- 기타 (   )

2 자신의 직업 선택 기준과 그 이유를 쓰고 보기와 같이 말해 보세요.

직업 선택 기준	이유
자신의 성격	자신의 성격이 직업에서 요구되는 특성과 잘 맞으면 효과적으로 일을 할 수 있다.

직업을 선택할 때 저는 성격이 가장 중요하다고 생각합니다. 자신이 가진 특성이 어떤 일을 할 때 장점이 될 수 있기 때문입니다. 예를 들어, 저는 상상하는 것을 좋아하고 새로운 일을 좋아합니다. 배우나 프리랜서야 말로 제가 잘할 수 있는 일이라고 생각합니다.

1)

직업 선택 기준	이유

⇩

2) 자신의 직업 선택 기준에 대해 서로 이야기하세요.

3 자신이 원하는 직업과 직업을 선택할 때 고려하는 조건에 대해 발표하세요. 아래 제시한 내용을 3~5개 정도 포함해서 발표하세요.

- 일의 분야
- 직업 선택 이유
- 졸업 후 진로 계획
- 어렸을 때의 꿈

- 직업의 종류
- 직업 가치관
- 선택하려는 직업의 장점
- 직업을 갖기 위해 준비해야 할 것

4 친구들의 발표를 듣고 아래의 표에 정리해 보세요.

① (   )

희망 직업	이유

② (   )

희망 직업	이유

5 다른 사람의 발표는 어땠는지 이야기해 보세요.

물가와 경제

▷ 한국과 여러분 나라의 물가 차이는 어떤 것 같습니까?

▷ 물가의 차이가 여러분의 생활에 어떤 영향을 줍니까?

듣기전
Pre-Listening

숫자 관련 내용 메모하며 듣기

강의나 발표에 수량을 나타내는 표현이 나올 때 메모를 하면서 들으면 내용을 파악하는 데 도움이 된다.

이천 이십 삼년	2023년	일 년 전	1년 전
삼 분기	3분기	백 팔 점 칠육	108.76
오 점 구 퍼센트	5.9%	오만 원	50,000

다음은 경제 관련 뉴스입니다. 숫자가 나타나는 부분을 메모하며 핵심 내용을 파악해 보세요.

숫자	핵심 내용 정리

어휘 및 표현
Vocabulary and Expressions

다음은 물가 상승 관련 뉴스에 나오는 어휘입니다. 아래의 빈칸에 알맞은 어휘를 찾아 쓰세요.

입을 모으다	예민하다	고안하다	체감하다
치솟다	꼽다	극심하다	한몫하다

1) 쉽고 편리하게 음식을 주문할 수 있는 방법을 (   ) 배달 앱을 만들었다.

2) 6월이 되자 여름이 오고 있음을 온몸으로 (   )

3) 친구는 한국이 살기 좋은 이유로 사계절이 분명하다는 이유를 (   )

4) 서울 중심부는 출퇴근 시간에 교통 체증이 (   )

5) 이번 축구 경기에서 손흥민이 승리하는 데 (   )

🎧 듣기
Listening

다음은 물가 상승과 유학생의 생활에 대한 뉴스 보도입니다. 잘 듣고 질문에 답해 보세요.

▶ **1** 들은 내용과 <u>다른 것</u>은 무엇입니까?

① 유학생들은 한국에서 돈을 쓰는 것을 꺼린다.

② 한국 학생들도 물가 상승을 심각하게 느끼고 있다.

③ 3분기 소비자 물가 지수는 작년에 비하여 약 6% 상승했다.

④ 유학생들은 생활비를 아끼기 위한 여러 가지 방법을 고민한다.

▶ **2** 물가가 오르는 원인이 <u>아닌 것</u>은 무엇입니까?

① 심각한 기후 변화

② 우크라이나 전쟁

③ 지구 전체의 환경 문제

④ 식료품의 주요 생산국의 식량 수출 제한

3 다음은 뉴스를 정리한 것입니다. 빈칸에 알맞은 내용을 쓰세요.

유학생의 상황	• 한국에서 대학교를 다니는 프엉 씨는 베트남에 계신 부모님께 받는 용돈의 (　　　　　) 식비로 사용하고 있다. 그런데 올해 들어 식비가 오르면서 생활비가 금세 (　　　　　). • 유학생들은 (　　　　　) 같은 방법을 고안하고 있다. • 외국인 유학생뿐만 아니라 한국의 모든 청년들이 (　　　　) 물가 상승이 아주 심각한 것으로 나타나고 있다.
물가 상승 지수	통계청이 (　　　　　　)에 관하여 조사한 결과 2023년 3분기 전국 소비자 물가 지수는 (　　　　　) 으로 1년 전보다 약 (　　　　).
물가 상승 원인	물가가 치솟는 원인으로는 (　　　　　　). 전쟁이나 식식량 수출 제한, 극심한 가뭄과 이상고온 현상도 물가 상승에 (　　　)고 전문가들은 입을 모아 이야기한다. 당분간 이러한 (　　　　) 예상된다.

4 여러분이 느끼는 요즘 물가는 어떻습니까?

_____

_____

5 여러분은 생활비를 아끼기 위해서 어떤 노력을 합니까?

_____

_____

6 여러분의 나라와 한국의 기본적인 물가의 차이는 어떤 것 같습니까? 친구들과
함께 이야기해 보세요.

_____

_____

어휘 및 표현 확인하기
Checking Vocabulary and Expressions

1 다음의 의미에 해당하는 알맞은 어휘를 찾아 쓰세요.

식비	예민하다	극심하다	바닥을 보이다	입을 모으다

1) 먹는 데 드는 돈   (   )

2) 매우 심하다   (   )

3) 모두 한결같이 말하다   (   )

4) 자극에 대한 반응이나 감각이 지나치게 날카롭다   (   )

5) 돈이나 물건, 기술이나 재주 등의 밑천을 드러내다   (   )

2 다음 중 알맞은 것을 골라 문법에 맞게 문장을 완성하세요.

금세	물가 지수	치솟다	오름세	고안하다

1) 아까는 울더니 (   ) 울음을 그치고 웃음을 되찾았다.

2) 채소, 과일 등 농수산품의 가격이 많이 오르면서 (   ) 상승률이 2년 만에 최고치를 기록했다.

3) 연초부터 공공 서비스 요금의 급격한 (   ) 지속되고 있다.

4) 날로 (   ) 물가가 가장 심각한 문제로 제기되고 있다.

5) 우리 회사는 한 달에 한 번씩 사원들이 (   ) 아이디어를 검토한다.

3 다음의 어휘 및 표현을 사용하여 문장을 만들어 보세요.

1) 금세

_____

2) 예민하다

_____

3) 체감하다

_____

4) 극심하다

_____

5) 입을 모으다

_____

N에 관하여

받침 O, X	에 관하여	물가에 관하여 / 학생에 관하여

▶ 이 도표는 여러 나라의 물가에 관하여 조사한 결과를 나타낸 것입니다.

▶ 저는 학생들의 스트레스에 관하여 조사해 보았습니다.

▶ 유학생들의 쇼핑 습관에 대하여 알아보겠습니다.

1 보기와 같이 문장을 완성하세요.

보기 친구와 함께 <u>2024년 올림픽에 관한</u> 이야기를 나누었다. (2024년 올림픽)

1) 나는 _____ 전혀 알지 못한다. (야구)

2) 그 친구는 이번 _____ 관심이 매우 많다. (사건)

3) _____ 토론을 시작하겠습니다. (물가 상승과 소비 심리)

4) 이번 하반기 _____ 사장님께서 말씀을 하시겠습니다. (매출 부진)

2 보기와 같이 대화를 완성하세요.

보기   가: 지금 무엇에 대해 토론하는 거예요?
      나: 실업 문제에 관한 주제로 토론을 하고 있어요. (실업 문제)

1) 가: 이번에는 누가 발표하죠?
   나: 네! _____ 제가 발표하겠습니다. (유학생들의 소비생활)

2) 가: 요즘 월세가 자꾸 올라서 걱정이야.
   나: 안 그래도 TV에서 _____ 말들이 많더라. (집값 상승)

3) 가: 어제 그 뉴스 봤어?
   나: _____

4) 가: _____ ?
   나: 사람들은 대부분 잘 만들어진 영화라고 했어.

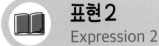

V-기 일쑤이다

받침 O, X	기 일쑤이다	지각하기 일쑤이다 / 울기 일쑤이다

▶ 내 친구는 매번 늦게 일어나서 지각하기 일쑤이다.

▶ 요즘에는 시간이 없어서 우유로 끼니를 때우기 일쑤이다.

▶ 걔는 이별만 하면 울기 일쑤였는데 요즘은 많이 안정된 것
  같더라.

1 보기와 같이 문장을 완성하세요.

보기   시험기간에는 <u>밤을 새기 일쑤이다.</u>

1) 여름이라도 에어컨을 계속 켜놓고 자면 _____

2) 메모를 하지 않으면 _____

3) 토론을 할 때 지나치게 흥분하면 _____

4) 나는 건망증이 심해서 물건을 _____

2 보기와 같이 대화를 완성하세요.

가: 죄송합니다. 차가 막혀서 늦었습니다.
나: 요즘 지각하기 일쑤네요. 다음엔 이런 일이 없으면 좋겠어요.

1) 가: 여기 에어팟이요. 책상에 두고 갔더라고요.

　　나: 어머! 고마워요. 요즘 _____

2) 가: 코로나에 걸린 후에 체력이 많이 안 좋아진 것 같아.

　　나: 나도 그래. _____

3) 가: 요즘 엄청 바빠 보이시네요. 식사는 제때 하세요?

　　나: _____

4) 가: 어제 친구 다섯 명이랑 여행계획 세우다가 좀 싸울 뻔 했어.

　　나: _____

말하기 표현
Expressions for Speaking

조사 응답 결과를 발표할 때 응답자의 수, 응답 비율, 순위와 같은 객관적인 수치로 설명한다. 조사 결과를 잘 이해할 수 있도록 표나 그래프를 활용하면 좋다.

표현	예문
-다는 응답이 ___ %를 차지했습니다.	점심에 간단히 커피와 빵을 먹는다는 응답이 42%를 차지했습니다.
전체 응답자의 ___ %가 -다고 응답했습니다.	전체 응답자의 30%가 아르바이트를 하고 있다고 응답했습니다.
응답자의 ___ %가 -로 꼽았고, ~ 등이 그 뒤를 이었습니다.	응답자의 60%가 말하기를 꼽았고, 쓰기(30%), 읽기(10%) 등이 그 뒤를 이었습니다.
-이/가 - 대비 ___ % 증가한 반면, -는 감소했습니다.	치킨의 가격이 전년도 대비 1.3% 증가한 반면, 경우 값은 0.8% 감소했습니다.
-다는 응답은 ___ %에 달했습니다.	한국의 물가가 비싸다고 생각한다는 응답은 55%에 달했습니다.
-다는 응답은 ___ %에 불과했습니다.	반면에 한국의 물가가 싸다고 생각한다는 응답은 14%에 불과했습니다.

다음 표나 그래프를 보고 위의 표현을 사용하여 보기와 같이 이야기해 보세요.

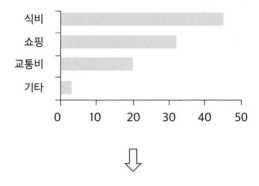

유학생의 용돈 사용 비율을 조사한 결과 '식비'라는 응답이 약 40% 차지했고, 그 다음으로 쇼핑(30%), 교통비(20%) 순이었습니다.

1)

외국인 유학생 추이(4월 기준, 자료: 교육부)

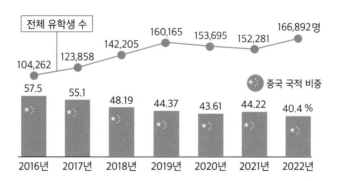

2)

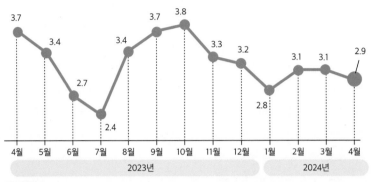

소비자물가지수 상승률(단위: %, 전년동월비)

3.7   3.4   2.7   2.4   3.4   3.7   3.8   3.3   3.2   2.8   3.1   3.1   2.9

4월 5월 6월 7월 8월 9월 10월 11월 12월 1월 2월 3월 4월

2023년   2024년

통계청자료

1 '여러분 나라와 한국의 물가 차이로 인한 유학 생활의 어려움'을 조사해서 발표 하려고 합니다. 조원들과 함께 설문 조사 계획을 세워 보세요.

조사 대상	
조사 내용	①
	②
	③

2 조원들과 함께 정리한 조사 대상과 내용을 바탕으로 설문지를 만들 때 어떤 내용을 설문지에 넣으면 좋을지 정리해 보세요.

3 '물가 차이로 인한 유학 생활의 어려움'을 조사하기 위한 설문지를 조원들과
함께 만들어 보세요.

<물가 차이로 인한 유학 생활의 어려움 조사>

안녕하세요? 저는 세종대학교 유학생 _____ 입니다. 이 설문지는 여러분 나라와 한국
의 물가 차이로 인해 겪는 어려움을 조사하기 위한 것입니다. 아래의 질문에 성의있게
답해 주시면 감사하겠습니다.

1. <개인 정보>

성별	
나이	
국적	

2. <   >

3. <   >

4. < >

5. < >

4 조사한 내용을 바탕으로 '물가 차이로 인한 유학 생활의 어려움'에 대해 PPT를 만들고 발표해 보세요.

9장

차별과 차이

▷ 여러분은 차별과 차이의 의미를 정확히 알고 있습니까?

▷ 차별과 차이는 어떤 의미를 가지고 있습니까?

듣기전
Pre-Listening

주장과 근거를 구분하며 듣기

어떤 주제에 대해 주장하는 방식의 토론을 들을 때에는 주장이 무엇인지, 주장에 대한 근거를
함께 제시하고 있는지 파악하면서 들을 필요가 있다.

다음은 교환학생 지원 자격에 대한 차별을 말하는 내용입니다. 주장과 근거를
정리하며 들어보세요.

주장
근거

다음은 '차별과 차이'의 듣기에 나오는 어휘입니다. 아래의 빈칸에 알맞은 어휘를 찾아 쓰세요.

입장	충족시키다	특정하다	식생활	따르다
불공평하다	대우	한계	다수	단지
경계	무시하다	제공하다	포함하다	

1) 회사 내에서 (   ) 직원들에게 불리한 조건을 강요하는 것은 차별이다.

2) 자신의 체력과 능력의 (   ) 고려하지 않고 운동을 하면 다칠 수 있다.

3) 고객의 요구를 (   ) 다양한 상품을 준비해 놓았습니다.

4) 균형 잡힌 (   ) 유지하는 것은 건강을 지키는 중요한 방법 중 하나입니다.

5) 모든 사람은 차별 없이 동등한 (   ) 받아야 합니다.

듣기
Listening

다음은 학생 식당의 할랄푸드 제공에 대한 토론입니다. 잘 듣고 질문에 답해 보세요.

1 다음 중 '차별'이라는 의견과 일치하는 것을 고르세요.

① 학교는 전 세계 모든 음식을 제공할 수 없다.

② 학교는 다수의 학생을 위한 음식을 제공해야 한다.

③ 할랄푸드를 제공하지 않는 것은 특정 학생의 식생활을 무시하는 것이다.

④ 학교 근처에 할랄 음식점이 있으므로 학교가 할랄푸드를 제공할 필요가 없다.

2 다음 중 '차이'라는 의견과 일치하는 것을 고르세요.

① 학교는 다양한 학생들의 필요를 충족시켜야 한다.

② 학교에서 제공할 수 있는 음식의 종류에는 한계가 있다.

③ 특정한 문화나 종교를 가진 학생들을 위한 음식을 제공해야 한다.

④ 할랄푸드를 제공하지 않으면 학생들은 불공평한 대우를 받게 된다.

3 들은 내용과 같으면 ○, 다르면 X 표시하세요.

① 할랄푸드를 제공하지 않으면
　학생들이 불편을 겪을 것이라고 생각하는 의견이 있다.　　　　　(　　　)

② 학교에서 모든 학생들을 위한
　다양한 음식을 제공해야 한다는 의견이 있다.　　　　　　　　　(　　　)

③ 학교 내에서 할랄푸드를 먹지 못하게 할 필요가 있다고
　생각하는 의견이 있다.　　　　　　　　　　　　　　　　　　　(　　　)

④ 할랄푸드를 제공하지 않는 것은 특정 학생들의
　식생활을 무시하는 것이라는 의견이 있다.　　　　　　　　　　(　　　)

4 다음은 토론의 내용을 정리한 것입니다. 빈칸에 알맞은 내용을 쓰세요.

의견1	입장: 이유: 학교는 다양한 학생들의 필요를 (　　　　) 때문이다. 　　　 할랄푸드를 제공하지 않는 것은 (　　　　) 학생들의 식생활을 　　　 무시하는 것이다.
의견2	입장: 이유: 학교에서 할랄푸드를 제공하지 않으면 (　　　　). 　　　 다른 학생들에 비해 (　　　　).
의견3	입장: 이유: 학교에서 제공하는 음식의 종류에는 (　　　　). 　　　 전 세계 모든 음식을 (　　　　).
의견4	입장: 이유: 할랄푸드가 필요한 학생은 (　　　　). 　　　 단지 제공하지 않는 것을 (　　　　).

5 여러분의 의견과 그 이유를 말해 보세요.

_____

_____

어휘 및 표현 확인하기
Checking Vocabulary and Expressions

1 다음의 의미에 해당하는 알맞은 어휘를 찾아 쓰세요.

입장	대우	다수	단지	경계

1) 자신이 처한 상황이나 의견 ( )

2) 특정한 기준이나 범위의 끝 ( )

3) 타인을 대하는 방식이나 예의 ( )

4) 한 사람보다 많은 사람이나 많은 수의 사람 ( )

5) 특별한 사정 없이 하나의 이유를 말할 때 사용하는 말 ( )

2 다음 중 알맞은 것을 골라 문법에 맞게 문장을 완성하세요.

무시하다	제공하다	포함하다	불공평하다

1) 학교는 학생들에게 다양한 식사를 ( )

2) 특정 학생들의 요구를 ( ) 것은 학교의 역할에 어긋난다.

3) 같은 일을 하면서 급여가 다르다면 그것은 매우 ( ) 대우이다.

4) 이번 시험 문제에는 이전에 배운 내용을 모두 ( ) 출제할 것이다.

3 다음의 어휘 및 표현을 사용하여 문장을 만들어 보세요.

1) 따르다 _____

2) 제공하다 _____

3) 포함하다 _____

4) 불공평하다 _____

V-는 데다가

| 받침 O, X | -는 데다가 | 보는 데다가, 먹는 데다가 |

▶ 그는 공부를 잘하는 데다가 운동도 잘한다.

▶ 비가 오는 데다가 바람도 많이 불어서 우산을 써도 젖었어요.

▶ 요즘 스트레스를 받는 데다 잠도 잘 못 자서 몸이 많이 상했다.

1 보기와 같이 문장을 완성하세요.

> **보기** 그는 <u>공부를 잘하는 데다가</u> 운동도 잘한다.

1) 주말에도 _____ 기말시험 준비도 해야 해서 시간이 없어요.

2) 매일 아침에 _____ 주말마다 헬스장에도 가서 체력이 좋아졌다.

3) 이번 학기는 _____ 시험도 잘 봐서 좋은 성적을 받을 수 있다.

4) 저는 요즘 학과 대표로 _____ 동아리 활동도 하고 있어요.

5) 발표 자료를 꼼꼼하게 _____ 발표도 실수 없이 해냈다.

2 ▷ 보기와 같이 대화를 완성하세요.

가: 이번 과제 만점을 받았다면서? 비결이 뭐야?
나: <u>자료를 많이 준비한 데다가 결과 분석도 상세히 했어.</u>

1) 가: 이번 학기에 유난히 바빠 보인다. 요즘 뭐 하고 있어?

   나: _____

2) 가: 요즘 건강해 보이시네요.

   나: _____

3) 가: 시험 준비 잘 되고 있어요?

   나: _____

4) 가: 곧 방학이네요. 방학에 뭐 할 계획이에요?

   나: _____

표현 2
Expression 2

V/A-(으)ㄴ/는 법이다

V	받침 O, X	는 법이다	보는 법이다, 먹는 법이다
A	받침 O	은 법이다	작은 법이다
	받침 X	ㄴ 법이다	큰 법이다

▶ 물은 끓어야 증발하는 법이다.

▶ 노력하지 않으면 실력이 늘지 않는 법이다.

▶ 모든 일은 시작이 어려운 법이다.

▶ 사람은 누구나 실수하는 법이다.

1 아래에서 알맞은 단어를 골라 보기와 같이 문장을 완성하세요.

아물다	좋다	필요하다	길다	드러나다	생각하다

보기   열심히 노력하면 결과가 (좋은 법이다.)

1) 진실은 언젠가는 (   )

2) 중요한 일을 할 때는 신중하게 (   )

3) 아침에 일찍 일어나면 하루가 (   )

4) 시간이 지나면 상처도 (   )

5) 어려운 상황에서는 친구가 (   )

2 보기와 같이 대화를 완성하세요.

가: 시험 준비가 너무 힘들어.
　　나: 시험은 누구나 힘든 법이야.

1) 가: 나는 학창 시절에 친구들과 노는 시간이 정말 중요하다고 생각해.
　 나: 맞아. _____

2) 가: 건강을 위해서는 식습관을 바꾸는 것이 필수라고 생각합니다.
　 나: 동의합니다. _____

3) 가: 기술 발전이 우리의 사회를 더욱 복잡하게 만든다고 생각해요.
　 나: 저는 좀 생각이 달라요. _____

4) 가: 스트레스를 줄이려면 취미 생활이 꼭 필요하다고 생각해.
　 나: 나도 그래. _____

말하기 표현
Expressions for Speaking

주장과 근거를 효과적으로 전달하기 위해서는 먼저 주장을 명확하게 제시한 후, 그 주장을 뒷받침하는 근거를 제시하는 것이 중요하다. 이를 위해 다음과 같은 표현을 활용할 수 있다.

표현	예문
저는 -라고 생각합니다. 그 이유는 -입니다.	저는 독서가 중요한 습관이라고 생각합니다. 그 이유는 사고력을 키우는 데 도움이 되기 때문입니다.
저는 -이/가 중요하다고 봅니다. 왜냐하면 -기 때문입니다.	저는 청소년기의 교육이 중요하다고 봅니다. 왜냐하면 이 시기가 인격 형성에 큰 영향을 미치기 때문입니다.
-는 것이 옳다고 믿습니다. 그 근거는 다음과 같습니다.	저는 지속 가능한 발전을 추구하는 것이 옳다고 믿습니다. 그 근거는 다음과 같습니다. 첫째, 자원을 아껴야 미래 세대에게도 좋은 환경을 물려줄 수 있습니다. 둘째, 지속 가능한 발전은 경제적 이익을 장기적으로 증가시킬 수 있기 때문입니다.

▶ 다음은 차별과 차이에 대한 다양한 내용입니다. 자료를 찾아 조사한 후에 위의 표현을 사용해서 주장과 근거를 작성하세요.

차별과 차이	내용
장애인을 위한 특별한 편의시설을 제공하는 것	• 장애인을 위한 편의시설은 주로 이동과 생활을 돕기 위한 서비스 • 모든 사람이 자유롭게 생활하도록 하는 것은 좋은 사회를 만드는 데 기여함

저는 장애인을 위한 특별한 편의시설을 제공하는 것이 차이라고 생각합니다. 그 이유는 대부분의 편의시설이 장애인들의 이동과 생활을 돕기 위한 것들이기 때문입니다. 모든 사람이 자유롭게 생활하도록 하는 것은 좋은 사회를 만드는 데 기여한다고 믿습니다.

1)

차별과 차이	내용
어린이를 출입하지 못하게 하는 노키즈존	

2)

차별과 차이	내용
성별에 따라 급여를 다르게 지급하는 것	

3)

차별과 차이	내용
영화관에서 학생 할인 요금을 제공하는 것	

1 ▸ 여러분이 평소에 관심이 있었던 차별과 차이에 대한 주제를 한 가지 정해서 써보세요.

> 차별과 차이

2 ▸ 위에서 정한 주제에 대해 구체적으로 조사하고 정리해 보세요.

차별과 차이
차별이다
차이이다

3 ▸ 정리한 내용을 바탕으로 '차별인가, 차이인가'를 발표해 보세요.

4 친구들이 발표한 발표를 듣고 아래의 표를 정리해 보세요.

① (   )

차별과 차이
차별이다
차이이다

② (   )

차별과 차이

차별이다

차이이다

5 다른 사람의 발표는 어땠는지 이야기해 보세요.

10장

이상과 현실

▷ 여러분은 에코파시즘의 의미를 정확히 알고 있습니까?

▷ 에코파시즘은 어떤 의미를 가지고 있습니까?

듣기 전
Pre-Listening

동의와 반론을 구분하며 듣기

어떤 주제에 대해 토론할 때, 발언자가 주장하는 내용을 들으며 그 주장이 무엇인지, 동의하는지 또는 반박하는지를 구분할 필요가 있다. 발언자의 의견에 동의할 때 사용하는 표현과 반론할 때 사용하는 표현을 구별하여, 더 효과적으로 대화에 참여하고 자신의 의견을 전달할 수 있다.

다음은 에코파시즘에 대해 동의, 반박하는 내용입니다. 동의와 반박 의견을 정리하며 들어보세요.

동의 의견
반박 의견

어휘 및 표현
Vocabulary and Expressions

다음은 '이상과 현실'의 듣기에 나오는 어휘입니다. 아래의 빈칸에 알맞은 어휘를 찾아 쓰세요.

극단적	조치를 취하다	침해하다	위험에 처하다	악화되다
손실	즉각적	정책을 시행하다	부담하다	폐지되다
강제적	법규	초래하다	반발하다	자발적

1) 회사의 재정 상태가 (   ) 직원들의 월급도 삭감되었다.

2) 정부는 시민들의 안전을 위해 교통 (   ) 강화할 계획이다.

3) 개인의 자유를 (   ) 행위는 법적으로 처벌을 받을 수 있다.

4) 과도한 학업 스트레스가 건강 문제를 (   ) 스트레스를 받지 않도록 유의해야 한다.

5) 최근 A 도시의 고속도로 통행료가 (   ) 많은 운전자들이 무료로 고속도로를 이용할 수 있게 되었다.

듣기
Listening

다음은 에코파시즘에 대한 토론입니다. 잘 듣고 질문에 답해 보세요.

1 다음 중 토론자가 주장하지 <u>않은</u> 것을 고르세요.

1) 환경 보호는 사람들의 자발적인 노력이 중요하다.

2) 사람들이 규칙을 따르기 위해서는 강력한 법이 필요하다.

3) 극단적인 조치는 삶의 질을 낮추고 경제에 악영향을 미친다.

4) 경제와 환경을 모두 보호하려면 신사업 에너지 기술을 발전시켜야 한다.

2 에코파시즘이 필요하다고 생각하는 주장의 이유를 고르세요.

1) 기술 발전을 위해서

2) 경제적 이익을 위해서

3) 현재와 미래의 삶을 보호하기 위해서

4) 사람들의 자발적인 참여를 높이기 위해서

3 극단적인 환경 보호 조치의 부작용으로 적절한 것을 고르세요.

1) 삶의 질 향상

2) 환경 문제의 악화

3) 정부에 대한 신뢰 증가

4) 경제적 손실과 사람들의 반발

4 플라스틱 빨대 금지 정책이 폐지된 이유로 적절한 것을 고르세요.

1) 종이 빨대 사용을 선호해서

2) 환경 오염을 줄이지 못해서

3) 카페와 식당의 수익이 증가해서

4) 사람들의 불편함과 높은 비용 때문에

5 다음은 토론의 내용을 정리한 것입니다. 빈칸에 알맞은 내용을 쓰세요.

주장	주장: 근거: 지금처럼 환경 파괴가 계속 되면 현재의 삶도 ( ). 최근 대기 오염을 생각하면 일주일에 ( ) 하루도 없다.
반론	주장: 근거: ( ) 정책 시행은 문제가 많았다. 종이 빨대를 구입하기 위해 ( ). 결국 정책이 폐지되었다.
재반론	주장: 이유: 사람들은 스스로 변하지 않기 때문에 ( ). ( ) 규칙을 지킨다.
일부 동의	주장: 이유: 사람들이 반발하고 정부에 ( ). ( )도 무시할 수 없다.
일부 동의	주장: 예시: ( )을 개발해서 경제와 환경을 동시에 보호할 수 있다.
반박	주장: 이유: 환경보호는 사람들의 ( ) 중요하다.

6 에코파시즘보다 더욱 효과적이라고 주장한 방법이 무엇인지 설명하세요.

_____

_____

7 여러분의 의견과 그 이유를 말해보세요.

어휘 및 표현 확인하기
Checking Vocabulary and Expressions

1 다음의 의미에 해당하는 알맞은 어휘를 찾아 쓰세요.

초래하다	폐지되다	악화되다	반발하다	침해하다

1) 누군가의 권리나 자유를 방해하거나 손상시키다 ( )

2) 특정 행동이 예상하지 못한 부정적인 결과를 일으키다 ( )

3) 법적이거나 제도적인 규칙이 사라지다 ( )

4) 상황이나 상태가 더 나빠지다 ( )

5) 의견이나 명령에 반대하고 맞서다 ( )

2 다음 중 알맞은 것을 골라 문법에 맞게 문장을 완성하세요.

손실	자발적	즉각적	강제적

1) 의료진은 환자가 응급실에 도착하자마자 ( ) 처치를 시작했다.

2) 코로나 시기에 정부는 공공장소에서 마스크를 ( ) 착용하도록 했다.

3) 주식 시장의 급락으로 투자자들은 큰 ( ) 입었다.

4) 이번 봉사 활동은 요청이 아닌 ( ) 참여로 이루어졌다.

3 다음의 어휘 및 표현을 사용하여 문장을 만들어 보세요.

1) 즉각적

_____

2) 악화되다

_____

3) 초래하다

_____

4) 침해하다

_____

표현 1
Expression 1

N은/는 말할 것도 없고

받침 O	은 말할 것도 없고	사람은 말할 것도 없고
받침 X	는 말할 것도 없고	미래는 말할 것도 없고

▶ 이 문제는 초등학생은 말할 것도 없고 성인들도 어려워한다.

▶ 이 식당은 주말은 말할 것도 없고 평일도 자리가 없어요.

▶ 부산은 경치는 말할 것도 없고 맛있는 음식도 많아요.

---

1 **보기와 같이 문장을 완성하세요**

> **보기** 그는 <u>공부는 말할 것도 없고</u> 운동도 잘한다.

1) 아르바이트를 하느라 바빠서 _____ 동아리 활동은 꿈도 못 꿔요.

2) 취업을 하려면 _____ 인턴십 경험도 필수적이에요.

3) 기말고사가 코앞이라 _____ 과제도 끝내야 돼요.

4) 그 사람은 _____ 성격도 좋아서 인기가 많은 편이다.

5) 건강한 신체를 유지하려면 _____ 운동도 꾸준히 해야 합니다.

2 보기와 같이 대화를 완성하세요.

보기 가: 그 영화 어땠어?
나: 배우들의 연기는 말할 것도 없고 줄거리도 정말 최고였어.

1) 가: 휴대폰 바꿨다면서? 어때?
나: _____

2) 가: 기말시험 준비는 다 했어?
나: _____

3) 가: 이번에 가입한 동아리는 어때요?
나: _____

4) 가: 방학 때 뭐 할 계획이에요?
나: _____

표현 2
Expression 2

V-아/어 내다

ㅏ, ㅗ O	아 내다	참아 내다
ㅏ, ㅗ X	어 내다	읽어 내다

▶ 힘든 일이었지만 해결 방법을 결국 알아 냈습니다.

▶ 어려운 문제였지만 끝까지 풀어 냈어요.

▶ 유학생활의 어려움을 잘 참아 냈다.

---

1 아래에서 알맞은 단어를 골라 보기와 같이 문장을 완성하세요.

풀다	읽다	참다	견디다	이루다	완성하다

보기   모르는 단어가 많아서 힘들었지만 책 한 권을 끝까지 다 (읽어 냈습니다).

1) 혼자서 그 문제를 (   ) 정말 대단해요!

2) 조원들이 모두 오랫동안 노력한 끝에 조별 과제를 (   )

3) 그 사람은 고통스러운 치료 과정을 끝까지 잘 (   )

4) 한 겨울의 추운 날씨를 (   ) 겨울산 등반에 성공했습니다.

5) 그는 오랜 시간 노력해서 마침내 자신의 꿈을 (   )

2 보기와 같이 문장을 완성하세요.

보기 많은 실패에도 불구하고 그는 끝내 <u>자신의 꿈을 이루어 냈습니다.</u>

1) 그는 오랜 시간 동안 고민한 후에

_____

2) 저는 모든 어려움을 극복하고 결국

_____

3) 함께 노력하면 무엇이든지

_____

4) 우리는 그 사건의 진실을

_____

말하기 표현
Expressions for Speaking

다른 사람의 의견에 동의하거나, 반박, 부분 동의를 할 때는 다양한 표현을 사용할 수 있다. 토론이나 토의에서 자신의 입장을 전달할 때 유용하게 사용할 수 있다.

구분	표현	예문
동의	-의 생각에 동의합니다. 저도 같은 의견입니다. -에 전적으로 동의합니다.	저는 환경 보호를 위해 플라스틱 사용을 줄여야 한다는 의견에 전적으로 동의합니다.
반박	그건 사실과 다릅니다. -는 근거가 부족합니다. -라는 의견을 받아들일 수 없습니다.	재택근무가 모든 직장인에게 효율적이라는 주장은 근거가 부족합니다.
부분 동의	-의 말씀에도 일리는 있습니다. 하지만 -도 일부 타당합니다. 그러나	환경 보호를 위한 규제가 필요하다는 말씀에도 일리는 있습니다. 하지만 강한 규제는 활동을 위축시킬 수 있습니다.

다음은 이상과 현실에 대한 다양한 내용입니다. 자료를 찾아 조사한 후에 위의 표현을 사용해서 동의, 반박, 부분 동의의 의견을 작성하세요.

이상과 현실	내용
모든 국민에게 기본소득을 제공하는 것	• 모든 국민에게 일정 금액의 기본소득을 제공하면 빈곤을 해결하고 경제적 불평등을 완화한다. • 기본소득에 필요한 많은 예산이 필요하기 때문에 경제에 부담이 될 수 있다.

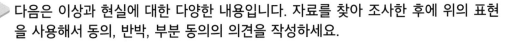

민수: 저는 모든 국민에게 기본소득을 제공하는 것이 좋은 정책이라고 생각합니다. 빈곤을 해결하고 경제적 불평등을 완화할 수 있기 때문입니다.

지민: 민수 씨의 의견에도 일리는 있습니다. 하지만 기본소득을 제공하기 위해 필요한 예산이 너무 많아서 현실적으로 경제에 큰 부담이 될 수 있습니다.

민수: 그 점에서는 동의합니다. 그렇지만 당장 필요한 예산 문제를 어떻게 해결할지 구체적인 계획이 먼저 마련되어야 한다고 생각합니다.

1)

이상과 현실	내용
주 4일 근무제를 도입하여 근로시간을 단축하는 것	

2)

이상과 현실	내용
대학 교육을 무상으로 제공하는 것	

3)

이상과 현실	내용
취직 목적이 아닌 교양을 쌓기 위한 대학교육을 하는 것	

말하기
Speaking

1 여러분이 평소에 관심이 있었던 이상과 현실에 대한 주제를 한 가지 정해서 써보세요.

> 차별과 차이

2 위에서 정한 주제에 대해 구체적으로 조사하고 정리해 보세요.

이상과 현실
이상이다
현실이다

3 정리한 내용을 바탕으로 '이상인가, 현실인가'를 발표해 보세요.

4 친구들이 발표한 발표를 듣고 아래의 표를 정리해 보세요.

① (　　　　　　　　　　　　　)

이상과 현실
이상이다
현실이다

② (   )

5 다른 사람의 발표는 어땠는지 이야기해 보세요.

MEMO

MEMO

저자정보 ✎

이지은 세종대학교 국어국문학과 강사
장현묵 세종대학교 국어국문학과 초빙교수
정영교 세종대학교 국어국문학과 강사
신은옥 세종대학교 국어국문학과 강사

사고와 표현(심화편)

초판발행	2025년 2월 25일
지은이	이지은·장현묵·정영교·신은옥
펴낸이	안종만·안상준
편 집	소다인
기획/마케팅	박부하
표지디자인	BEN STORY
제 작	고철민·김원표
펴낸곳	(주) **박영사**
	서울특별시 금천구 가산디지털2로 53, 210호(가산동, 한라시그마밸리)
	등록 1959. 3. 11. 제300-1959-1호(倫)
전 화	02)733-6771
f a x	02)736-4818
e-mail	pys@pybook.co.kr
homepage	www.pybook.co.kr
ISBN	979-11-303-2184-4 03710

copyright©이지은·장현묵·정영교·신은옥, 2025, Printed in Korea

정 가   24,000원

어휘 노트

1장

가두다	소화
가라앉다	속이다
갈다	식재료
감옥	영양가
관련되다	오히려
나이가 들다	유추하다
녹두	전개되다
대중문화	전반적
되찾다	죄를 짓다
떠올리다	주식
마음대로	즐겨 먹다
발전하다	질병
보안	질의응답
부담스럽다	청중
빼앗기다	추천하다
사망하다	출소하다
상승하다	퇴원하다
생산하다	풍습
선호하다	해롭다
성장하다	해일

어휘 노트

2장

가입하다

가치

개봉하다

권력

기부하다

나아가다

달성하다

더디다

뚜렷하다

명예

몰두하다

불균형

불행하다

성과를 이루다

어리석다

유전적

이정표

제시하다

제안하다

철이 들다

추구하다

해치다

혼란스럽다

어휘 노트

3장

가치관

겪어오다

기르다

끔찍하다

독창적

묘비명

묘사하다

배경지식

병마와 싸우다

본업

사투리

색채

생을 마치다

생전

서민

선하다

소박하다

숨을 거두다

시각자료

시기

안쓰럽다

암울하다

애정 어리다

예측하다

일제강점기

자아내다

잘 살리다

절망적

정감있다

정취

중립

진실하다

침울하다

향토적

화백

화폭에 담다

활성화

어휘 노트

4장

교훈

균열

긴급보수

내려앉다

다큐멘터리

도식화

매몰되다

무너지다

붕괴되다

사태

생명을 잃다

설계되다

영문도 모르다

유사하다

인지하다

잔해

전면

조짐

조치를 취하다

통행

파묻히다

폐쇄하다

어휘 노트

5장

12간지

개운하다

공전하다

과식하다

과음

과학적

그리스 로마 신화

남반구

넉넉하다

대기오염

떨다

무수하다

별자리

북반구

뿌옇다

성과

신화

운

운세

위성

유래

인공

입사하다

자가용

자연적

전설

전작

전환

조명

존재하다

중심

지능

지르다

체계

치이다

칼로리

항해

행성

화제

회전하다

어휘 노트

6장

구성되다

녹아있다

독립적

동명

명곡

무대 연출

배열되다

법석거리다

살려내다

상영되다

상징하다

소동

앞두다

어우러지다

인기몰이

입양하다

자서저

적절하다

전개되다

조화를 이루다

청첩장

치열하다

흥얼거리다

흥에 겹다

어휘 노트

7장

거세다

고령화

놓치다

눈길을 끌다

뉴스 보도

뒤흔들다

민간

민원

보수

분류히다

분야

사례

사회변화

상승하다

서빙하다

선호하다

설계자

신산업

악성

안정적

열풍

유지하다

전환

정부기관

지급하다

크리에이터

어휘 노트

8장

고안하다

극심하다

금세

꺼리다

꼽다

꼽다

달하다

대비

물가 지수

바닥을 보이다

부진하다

불과하다

식비

예민하다

오름세

이상 고온 현상

입을 모으다

차지하다

체감하다

치솟다

한몫하다

어휘 노트

9장

경계

노키즈존

다수

단지

대우

동등하다

따르다

무시하다

불공평하다

불리하다

식생활

유난히

인격

입장

제공하다

추구하다

충족시키다

특정하다

포함하다

한계

할랄푸드

형성하다

어휘 노트

**10
장**

강제적

과도하다

극단적

급락

기본소득

동의하다

반론하다

반발하다

법규

부담하다

빈곤

삭감되다

손실

악화되다

에코파시즘

완화하다

위축시키다

위험에 처하다

자발적

재정 상태

재택근무

정책을 시행하다

조치를 취하다

즉각적

처치

초래하다

침해하다

폐지되다